そばうどん知恵袋111題

そばの章

歴史・文化篇

1 「そば切り」の起源はいつ頃か？……10
2 「蕎麦（そば）」の語源は？……12
3 「江戸はそば、大坂はうどん」はいつからか？……14
4 「二八そば」の由来は？……16
5 「夜鷹そば」の由来は？……18
6 「寺方そば」とは？……20
7 「庵」がつく屋号が多いのはなぜか？……22
8 そば店の看板にある「生そば」の意味は？……24
9 「藪」、「砂場」、「更科」の屋号の由来は？……26
10 大晦日にそばを食べるのはなぜか？……28
11 雛祭りでそばを供えるのはなぜか？……30
12 引っ越しでそばを振る舞うのはなぜか？……32
13 ソバの粒食にはどんな食べ方があるか？……34
14 そば切り以前の「そばがき」の食べ方とは？……36
15 「そば餅」、「そば焼き餅」とは？……38
16 岩手の「わんこそば」とは？……40
17 山形の「板そば」、新潟の「へぎそば」とは？……42
18 信州の「お煮かけ」、「とうじそば」とは？……44
19 出雲の「割子そば」とは？……46

20 ダイコンの搾り汁で食べるそばとは？……48
21 つなぎに大豆を使うそばとは？……50
22 「凍りそば」、「寒晒しそば」とは？……52
23 檜枝岐に伝わる「裁ちそば」とは？……54
24 そばにちなんだことわざとは？……56
25 そば店にはどのような職制があるか？……58
26 そば店の通し言葉とは？……60
27 小麦粉で作る「沖縄そば」とは？……62
28 世界の国々のソバの食べ方とは？……64

品書き篇

29 江戸時代からある品書きとは？……66
30 「もりそば」と「ざるそば」の違いとは？……68
31 もりそばを「せいろ」ともいうのはなぜか？……70
32 「熱盛り」とは？……72
33 「花巻き」の由来は？……74
34 「おかめ」の由来は？……76
35 「きつね」と「たぬき」の違いとは？……78
36 鴨南蛮の「南蛮」の意味とは？……80
37 「変わりそば」、「色物」、「変わり麺」とは？……82
38 「そばずし」はいつ頃からあるのか？……84
39 「そば料理」、「そばづくし」とは？……86

40 「釜揚げそば」とは？……88
41 「天ぷらそば」の特徴とは？……90
42 「カレー南蛮」はいつ頃からあるのか？……92
43 そば店ならではの酒の肴とは？……94
44 「そば味噌」はどのようなものか？……96

技術篇

45 「一鉢、二延し、三包丁」の意味は？……98
46 そばのつなぎに使われる材料とは？……100
47 小麦粉をつなぎに使う理由とは？……102
48 「生粉打ち」の意味は？……104
49 「水ごね」と「湯ごね」の違いとは？……106
50 そばの「三たて」の意味は？……108
51 「包丁下」の意味は？……110
52 そばが「のびる」とはどのような状態か？……112
53 麺棒を3本使ってそばを打つのはなぜか？……114
54 そば打ちに使う「打ち粉」の役割とは？……116
55 「切りべら二三本」の意味は？……118
56 「もり汁」と「かけ汁」の違いとは？……120
57 関東と関西の汁の製法の違いとは？……122
58 そば店のだしのとり方とは？……124
59 そばつゆに使われる「かえし」とは？……126

原材料・道具・そのほか篇

60 ソバの実と花の構造は？……128
61 ソバとそば湯の栄養成分とは？……130
62 玄ソバの国内の主要産地は？……132
63 玄ソバの海外からの輸入先は？……134
64 在来種と登録品種のソバの違いとは？……136
65 「夏ソバ」、「秋ソバ」、そして「春ソバ」とは？……138
66 ダッタンソバと普通ソバの違いとは？……140
67 赤い花を咲かせるソバの品種もある？……142
68 「一番粉」、「二番粉」、「三番粉」とは？……144
69 「さらしな粉」とはどんなそば粉か？……146
70 石臼挽きとロール挽きのそば粉の違いは？……148
71 石臼の構造と仕組みは？……150
72 そば包丁とうどん包丁の違いとは？……152
73 そばを切る時に使う「こま板」とは？……154
74 製麺機が開発されたのはいつ頃か？……156
75 「そばかまど」の構造とは？……158
76 汁作りに使う「たんぽ」とは？……160
77 そばの薬味の御三家は？……162
78 「七味唐辛子」に使われる材料とは？……164
79 「そばもやし」の利用方法とは？……166
80 そば茶など、ソバの実の活用方法は？……168

うどんの章

歴史・文化篇

81 道具を使わずに作る、うどんの原形とは？……172
82 うどんの起源は？……174
83 そうめんの起源は？……176
84 きしめんの由来は？……178
85 手延べで作る秋田の「稲庭うどん」とは？……180
86 そばどころ信州の「おしぼりうどん」とは？……182
87 山梨の「ほうとう」の由来は？……184
88 「さぬきうどん」の特徴とは？……186
89 「伊勢うどん」の特徴とは？……188
90 「武蔵野うどん」の特徴とは？……190

品書き篇

91 「鍋焼きうどん」はいつ頃からあるのか？……192
92 「小田巻き蒸し」と「茶碗蒸し」の違いは？……194
93 「釜揚げうどん」と「湯だめうどん」とは？……196

技術篇

94 うどん作りに塩を使う理由は？……198
95 「土三寒六常五杯」の意味は？……200

96 うどん作りに使う食塩水の濃度は？……202
97 うどん作りで「足踏み」を行う理由とは？……204
98 うどんの生地をねかせるのはなぜか？……206
99 うどんの茹でのメカニズムは？……208
100 うどんを茹でるのに適した水の条件とは？……210
101 「うどんのぬき湯」とは？……212
102 そうめんを乾麺にする理由とは？……214
103 手延べそうめん作りに油を使う理由とは？……216
104 手延べそうめんと機械そうめんの違いは？……218
105 そうめんとひやむぎの違いとは？……220

原材料・道具・そのほか篇

106 小麦粉の栄養成分とは？　地粉とは？……222
107 うどんに適した小麦粉の性質とは？……224
108 小麦はどのように製粉するのか？……226
109 うどん用の小麦の輸入先は？……228
110 うどんのだしに使われる材料とは？……230
111 さぬきうどんのだしに使う「いりこ」とは？……232

参考資料一覧……234
索引……247

本書は、１９９１年に柴田書店から刊行した『そば・うどん百味百題』をもとに大幅修正・加筆し、さらに新たなテーマを追加して内容をより充実させたものである。

［凡例］

・各項目の末尾に掲載した参考資料は、原稿をまとめるにあたって参考にした主なものの書名・誌名のみを記した。書名・誌名の次の（　）内は、参考にした資料の執筆者と題名を示した。著者名、出版社名、発行年度などは、２３４頁の参考資料一覧に掲載した。

・そばの表記に関しては、原則として、植物として用いる場合は「ソバ」、そば切りなどの加工したもの、あるいは業種名、道具名として用いる場合は「そば」とした。なお、文献、資料などの文中に記載されているものは原文のままとした。

・文中の文字の脇に番号をつけたものは、脚注としてさらに詳しい解説を設けた。

そばの章

そばの章 歴史・文化篇

1 「そば切り」の起源はいつ頃か？

わが国でのソバ栽培は5世紀の中頃にまで遡るといわれているが、そば打ち、つまり「そば切り」❶としての歴史は比較的浅い。江戸をはじめとする都市において大衆食として普及したのは、ようやく江戸時代中期に入ってからのことで、また、農村においても一般化したのは同じく江戸時代中期以後のことである。ただし、農村においては当時はまだそば切りはハレの日や振る舞いのためのごちそうだった。では、普及はともかく、そば米やそばがきに代わる新食品としてのそば切りの起源はいつ頃にたどれるのかというと、いまだ不明な点が多く確定はされていない。

享保19年(1734)刊の『本朝世事談綺』巻一、飲食門の蕎麦切の条には、「中古二百年以前の書、もろ〱の食物《しょくぶつ》を詳《つまびら》かに記せるにも、そば切の事見えず。こゝを以て見れば、近世起る事也」と、室町時代の文献にはそば切りの記事が見当たらないことを書いている。実際、室町中期の通俗辞書ともいえる節用集の、慶長2年(1597)改訂版『易林本節用集』に当たってみても、「饂飩《ウドン》」、「索麵《サウメン》」、「斬麦《キリムギ》」など10種類余の麺類が記されているにも

長野県木曽郡にある定勝寺。この寺に伝わる文書から天正2年にそば切りが振る舞われたとの記録(『信濃史料』第14巻に収録)が発見された。

❶**そば切りの発祥地**
森川許六(きょりく)編の俳文集

かかわらず、「蕎麦切」の用語が出てこない。
現在のところ、そば切りという表記の初見は、長野県木曽郡大桑村にある古刹・定勝寺《じょうしょうじ》で発見された『定勝寺文書』。戦国時代の天正2年（1574）に行われた仏殿の修復工事の際に「ソハキリ」が振る舞われたとの記述がある。工事への祝儀や寄進の品・寄進者名が記された中に、

徳利一ツ、ソハフクロ一ツ　千淡内❷　振舞　ソハキリ　金永

の記述があり、金永、あるいは金永と略された名前の人がそば切りを振舞ったことがわかる。「ソハフクロ」はそば粉1袋と解釈されている。

江戸での初見は、慶長年間（1596～1615）の文献『慈性日記《じしょう》』である。慈性は近江多賀神社の社僧で、同日記の冒頭に近い慶長19年2月3日に、「一、常明寺へ、薬樹・東光ニもマチノ風呂へ入らんとの事にて行《いき》候へ共、人多く候てもどり候。ソバキリ振舞被申《まうさる》候」。江戸の薬樹院、東光院の仲間と一緒に町の銭湯に出かけたが混んでいたので常明寺に帰り、そば切りをごちそうになったとの意だが、その書きぶりから格別珍しがっているとも見えず、慶長年間にはすでにそば切りがある程度知られるようになっていたと推定できる。寛永20年（1643）板のわが国初めての料理専門書『料理物語』後段の部には、「蕎麦きり」❸の製法の初見がある。

主な参考資料・『蕎麦の世界』（新島繁「そば屋の変遷」）

『風俗文選（もんぜん）』（宝永3年［1706］）に収録する雲鈴作「蕎麦切ノ頌（しょう）」の書き出しに「蕎麦切といっぱ（いうのは）もと信濃国本山宿（塩尻市）より出て、あまねく国々にもてはやされける」とある。また、国学者の天野信景（さだかげ）が書いた雑録『塩尻』の宝永年間（1704～11）のところに、甲州の天目山（山梨県東山梨郡大和村にある臨済宗棲雲寺の山号）から始まったとの記述がある。ところが、正保2年（1645）版『毛吹草』（けふきぐさ）は、信濃国の名物としてそば切りを挙げて「当国ゟ（より）始ルト云（いふ）」と注している。こうして見ると信濃説に分があるが、伝聞の域を出ず確証はない。

❷千淡内
「千淡内」は、徳利一ツ、ソハフクロ一ツを寄進した千村淡路守の夫人を意味する。

❸「蕎麦きり」の製法の初見
104頁の項目**48**参照。

2 「蕎麦（そば）」の語源は？

延喜18年（918）頃成立した『本草和名』には、ソバの和名として「曽波牟岐」の字が当てられ、「ソバムギ」と訓読している。ソバムギと名付けられたのは、実の形が三角形で三つの稜《そば》（角）があるためである。稜は「木の稜《かど》」など、角《かど》の意味に使われた言葉であり、また、山の険しいところや崖を岨《そわ》というが、これも昔の読みは「ソバ」であった。そこで、「角麦《かくばく》」、「稜麦《りょうばく》」の文字も当てられている。

曽波牟岐の「牟」の正字は「麰《ぼう》」で大麦のことを意味し、「牟岐」は大麦・小麦の総称である。つまり、ソバだけでも十分なはずなのだが、それをソバムギと名付けたわけは、古代、すでに栽培していたムギ（小麦）と新しく渡来したソバとの区別をつける必要があったため、とする説が有力である。

わが国でのソバの記述の初見は、元正天皇が養老6年（722）7月19日に発した詔である（『続日本紀』巻九）。この年は大変な飢饉で、救荒食糧としてムギ（大麦・小麦）とともにソバの栽培を奨励したという。詔ではソバには「蕎麦」の字が当てられているが、古訓ではソバではなくソバムギと読んだ。したがって、「蕎」の一字だけでソバの意味を表していることになる。また、ソバの実をムギの実に擬して麦(牟岐)の字を付けた、とも考えられる。粉にすると、見たところムギと変わらないからで、貝原益軒は元禄13年(*1700*)刊『日本釈名』下で、「そばむぎといふ意まことの麦にあらず、麦につぎてよき味也といふ意、民の食として麦につげり」と解説している。

ソバの和名としては、承平年間(*931*〜*38*)成立の『倭名類聚鈔』が後に増補された20巻本に、「曽波牟岐、一云久呂無木《クロムギ》」と、クロムギの異名を追加しており、平安末期の『類聚名義抄』では、「ソハムキ」、「クロムキ」の訓が併記されている。クロムギはソバの実の殻が黒褐色をしているためで、漢名の「烏麦」(明・万暦[*1573*〜*1620*]末年『二如亭群芳譜』など)に通じる。平安時代にはまた、ソバムギ、クロムギのほかにもう一つ、ソマムギの呼称があったことが、建長6年(*1254*)成立の『古今著聞集』に記述されている。ソマムギはやがて略されソマと呼ばれるようになるが、どういうわけか九州に多い呼称で、現在でも大分県宇佐郡や熊本県八代郡などで方言として残っている。ソバムギが略してソバと呼ばれるようになるのは室町時代(『下学集』下巻、文安1年[*1444*])以降のことと考えられる。

主な参考資料・『蕎麦の世界』(新島繁「ソバの起源」)

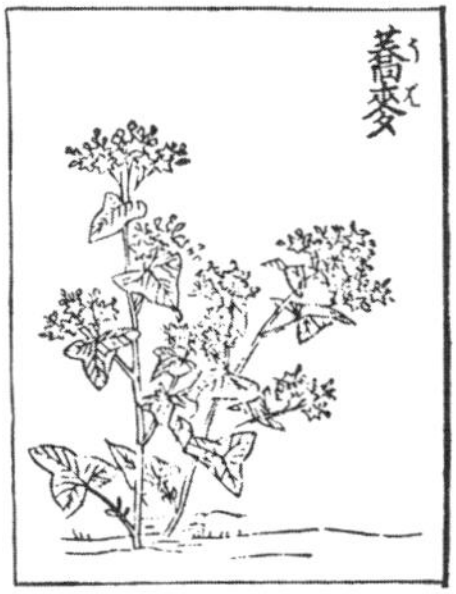

元禄10年(1697)刊『農業全書』より

3 「江戸はそば、大坂はうどん」はいつからか？

そばの章

歴史・文化篇

❶そば屋の発祥は江戸時代の初期頃だろうと推測されるが、うどんの歴史はそれより古く、室町時代にはすでに現在とほぼ同じ製法で作られていた。うどん屋がいつ頃から登場したのかは定かでないが、安土桃山時代に描かれたといわれる「駿府城築城図屏風」には、早くもうどんを打って商う店が描かれている。したがって、そば切りが売られるようになるかなり以前からうどんが各地に普及していたことはいうまでもなく、事情は江戸でも同じだった。徳川幕府開府の際、江戸の町作りのために大勢の人足、職人が動員されたが、彼らの労働を支えたのは安くて手軽に食べられるうどんだった。

江戸時代初期には、東海道をはじめとする各街道筋の茶屋などで麺類が売られるようになるが、この時期はうどん、そうめんが主流で、そば切りを扱う場合でも、看板には「うどん・そば切り」とうどんのほうが先に書かれていた。また、江戸では貞享3年（1686）の御触書によって、その頃麺類の夜売りが行われていたことがわかっているが、ここでも主力商品はう

大坂砂場の蕎麦見世和泉屋の図（一）、「いづみや」の店の前の風景（『摂津名所図会』より）

どんで、そばはほんの付け足しにすぎなかった。しかし、天明年間（1781～89）頃書かれた『反古染《ほうぐぞめ》』に、「元文（1736～41）の頃より夜鷹蕎麦切、其後手打蕎麦切、大平盛り、宝暦（1751～64）の頃風鈴蕎麦切品々出る」とあり、江戸中期に入ってそろそろ、そば切りが勢力を張り出してきたことをうかがわせる。安永（1772～81）の頃になると、夜売りもはっきりとそば主流に変わってきたことが、安永5年刊の黄表紙❷『うどんそば化物《ばけもの》大江山』によって立証されている。加藤曳尾庵の『我衣《わがころも》』（文化9年［1812］序）には、以前は夜そばを買うにしても隣人に気兼ねして自分の家の前では呼び止めず、通り過ぎてから追いかけて買うようにしたものだったが、近頃は誰に遠慮することもなしに買うようになった、という意味の記述がある。また、江戸の「夜鷹《よたか》そば」に対して、京・大坂では「夜叫《な》（鳴）きうどん」が登場しており、江戸はそば、上方（京・大坂）はうどんと麺類の好みがはっきりと分かれ始めたのは、どうやら安永頃からのことらしい。

すでに享保年間（1716～36）には「二八そば」が登場しており、そばはますます江戸庶民の生活に密着していくが、江戸市中がそば屋一辺倒で、そばが江戸っ子と切り離せない存在になったのは、さらに下って文化・文政時代（1804～30）あたりではないかという説が有力のようだ。

主な参考資料・『蕎麦の世界』（新島繁「そば屋の変遷」）、『すなば物語』

❶そば屋の発祥

宝暦7年刊『大坂新町細見之図 澪標（みおつくし）』の記述によると、大坂は新町遊廓の旧西大門のあった俗に砂場と呼ばれた辺りに「和泉屋」と「津国屋（つのくにや）」という2軒の麺類所があり、俗称「砂場」の名で親しまれていた。ことに津国屋の創業については嘉永2年（1849）刊『二千年袖鑒（そでかがみ）』に天正12年（1584）と謳われている。これが事実であれば日本でもっとも古いそば屋となるが、ほかの資料で見る限り、真偽のほどははっきりしない。ただ、江戸では寛延頃に薬研堀（やげんぼり）の「大和屋」が「大坂砂場そば」の看板を掲げており、現在の東京の「砂場」は大坂に源を発し、江戸に根をおろしたといってよいだろう。

❷『うどんそば化物大江山』

19頁の脚注❶参照。

そばの章　歴史・文化篇

4 「二八そば」の由来は？

「二八そば」の解釈をめぐってはさまざまな議論がされてきているが、「二八、十六」の語呂で1杯16文とする代価説と、そば粉8割につなぎの小麦粉2割で打ったそばを表したものとする混合率説とに大別される。どちらが正しいかという結論はいまだ出ていないが、慶応年間（*1865*～*68*）を境にして時代を前後に区分して考えれば、両説とも理にかなうという解釈が有力のようである。

二八そばの言葉が最初に登場する文献としては、『衣食住記』があり、「享保（*1716*～*36*）半比《ころ》、神田辺にて二八即座けんどんといふ看板を出す」とある。別に、『享保世説』の享保13年のところには、

仕出しには即座麦めし二八そば
みその賃づき茶のほうじ売《うり》

という戯歌《ざれうた》が載っており、二八そば享保起源説を立てる根拠となっているが、残念なことに、「二八」の意味にまでは触れていない。また、寛延4年（*1751*）脱稿の❶『蕎麦全書』にも「一等次なる物には二八・二六そば処々

「二八」の看板（「当穐八幡祭「できあきやわたまつり」南与兵衛」三代豊国画）

にあり」とはあるものの、その由来については書かれていない。

代価説をしりぞけ混合率説❷を取っている文献は、慶応1年刊・宮川政運著『俗事百工起源』と、同4年刊・喜多村香城著『五月雨草子』で、二八とは16文という意味だと世間ではいわれているが、実はそば粉8割につなぎの小麦粉2割で打ったそばのことだ、と述べている。

ところで、二八はそばだけでなくうどんにも使われて、「二八うどん」というのもあったから、単純に混合率説を当てはめても説明がつかないうえ、「二八そば」、「二六そば」、「三四そば」に至っては、明らかに混合率とは考えにくい。そこで、そばの値段が20文を超えた慶応年間を境にして、それ以前は代価説、以後は混合率説と解釈するのが妥当だろうということになる。代価説であれば、二八は1杯8文、二六、三四とも1杯12文、とすっきりと理解できるわけだ。

それでは1杯16文もしなかったはずの享保頃の二八はどうなるのか、という疑問が出てくるが、「二八即座けんどん」は、従来の一杯きり無愛想の商法に対して、愛想よくおかわり付きで16文としたのではないか、と推定させる記述が文献に見えるという。


主な参考資料・『蕎麦の世界』(新島繁「そば屋の変遷」)

---

❶『蕎麦全書』
68頁の脚注❶参照。

❷混合率説
嘉永3年(1850)刊の『善庵随筆』で、著者の朝川鼎が、二八そばとはそば粉2分、うどん粉8分で調合して作ったもの、という逆二八説を唱えていて物議をかもしたが、これは論拠が薄いとされる。

そばの章 歴史・文化篇

5 「夜鷹そば」の由来は？

貞享3年（*1686*）11月の御触書に、「温飩蕎麦切其外何ニ不寄《よらず》、火を持あるき商売仕候儀一切無用ニ可仕候」とあり、麺の夜売りがほかの煮売り仲間から独立した一つの業種として暗に認められたうえ、その筆頭にのし上がっていたことがわかる。さらに安永年間（*1772*～*81*）頃になると、夜売りもうどんに代わってそば切りが主力になっていたことが、安永5年刊の黄表紙『うどんそば化物《ばけもの》大江山』❶で知ることができる。

しかし、この夜そば売りが、いつ頃から「夜鷹《よたか》そば」と呼ばれるようになったのかは明らかではない。天明期（*1781*～*89*）に書かれた『反古染《ほうぐぞめ》』に、「元文（*1736*～*41*）の頃より夜鷹蕎麦切、其後手打蕎麦切、大平盛り、宝暦（*1751*～*64*）の頃風鈴蕎麦切品々出る」とあるが、最初は元文より古いだろうとされる。

ところで、「夜鷹」というのは、夜間に路傍で客の袖を引いて売春した私娼のことで、本所吉田町や四谷鮫ヶ橋近辺からゴザを抱えて出かけ、両国、柳原、呉服橋、護持院ヶ原あたりにたむろして客を取っていたという。

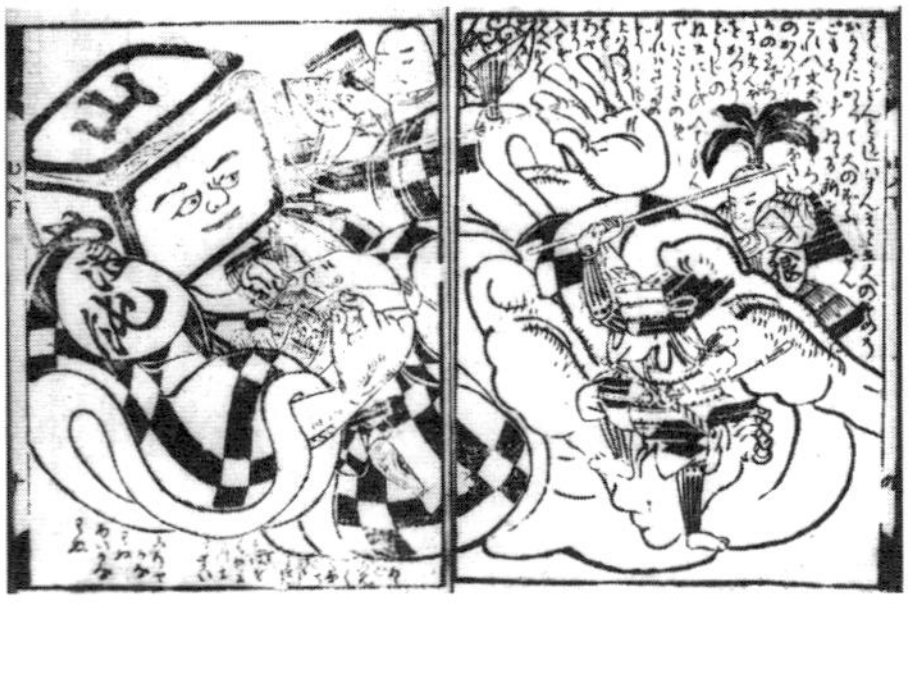

黄表紙『うどんそば化物大江山』の最後の場面。うどんどうじが源そばこと四天王に退治される。

夜鷹は江戸語で、京は「辻君《つじぎみ》」、大坂では「惣嫁《そうか》（孀嫁）」と呼んだ。「京は君、嫁は大坂、江戸は鷹」という言葉もある。

さて、❷江戸の夜鷹そばの由来については諸説がある。

幕末頃刊の『守貞謾稿』には、夜売りそばの客がもっぱら私娼の夜鷹だったためと書かれているが、夜鷹の花代とそばの値段が同じだったことが起源とする説もある。夜鷹には「二十四文」の異称があったくらいで、ふつう花代は24文が相場だったが、一番安い夜鷹は10文で買えたので「十文」と称していた。そこから転じて、10文売りの夜そばを夜鷹そばと呼ぶようになったというのである。

一方、私娼には関係がなく、お鷹匠が夜に冷えた手を焙《あぶ》ったそば（お鷹そば）が転訛して夜鷹そばになった、という説もある。落語家の三遊亭円朝が『月謡荻江一節《つきにうたうおぎえのひとふし》――荻江露友伝』の中で、夜鷹そばは夜鷹が食うからではない。お鷹匠の拳《こぶし》の冷えるのに手焙りを供するため、享保年間（1716〜36）、往来に出て手当てをし、其廉《そのかど》を以て蕎麦屋甚兵衛という者が願って出て、お許しになったので夜鷹そばという。夜お鷹匠の手を焙るお鷹そばというのだ、と語っている。いずれにしても夜鷹そばはかけそば専門で、また不衛生であったことが川柳などからうかがわれる。

主な参考資料・『蕎麦の世界』（新島繁「そば屋の変遷」）、『蕎麦史考』

❶『うどんそば化物大江山』
恋川春町の作・画。源頼光が四天王とともに丹波国大江山の酒顛（しゅてん）童子を退治する史談、伝説を踏まえて、擬人化したそばとうどんを主人公とする合戦談に仕立てた、異類合戦物の一種。酒顛童子をうどんどうじ（童子）に設定し、頼光をそば粉に擬し、四天王はそれぞれ陳皮、ダイコン、カツオ節、トウガラシに擬している。黄表紙は、安永から文化（1804〜18）初年頃にかけて流行した読み物で、春町はその先駆であった。大人のための絵本で、当時の世相、風俗、言葉などが活写されている。荒唐無稽な題材が多い。

❷江戸の夜鷹そば
江戸の夜鷹そばに対して、京、大坂では「夜叫（よなき、夜鳴）うどん」、略して「夜叫」ともいった。夜叫とは、夜間に商いすること、またはその商人のいずれをも指す言葉で、夜に声を出して触れ歩いたことから生じた。

6 「寺方そば」とは？

「寺方」とは、寺院に関係のあること、あるいは寺院の僧侶の意味で、古くから寺で作られたそばのことを「寺方そば」という。

そもそも、そば切りという言葉の初出は長野県木曽郡大桑村にある臨済宗の古刹・❶定勝寺《じょうしょうじ》に伝わる古文書の、天正2年(*1574*)の記述である。また、江戸での初出も近江の多賀神社の社僧(神社で仏事を修した僧侶)・慈性《じしょう》の日記である❷『慈性日記』の記述で、慶長19年(*1614*)の2月3日の条に、「一、常明寺へ、薬樹・東光ニもマチノ風呂へ入らんとの事にて行《いき》候へ共、人多く候てもどり候。ソバキリ振舞被申《まうさる》候」とある。慈性は同年正月、江戸に入り、天台宗の論議に参加していたが、当日、薬樹院、東光院などの僧侶たちと一緒に町の銭湯に出かけたものの混んでいたため常明寺に帰り、そば切りをごちそうになったという。しかも、その書きぶりからして格別珍しがっているとも見えない。

ちなみに、慈性の父である権大納言日野資勝も、その日記『資勝卿記』の元和10年(*1624*)2月14日の条で、京都・極楽寺真如堂の御開帳に出かけ

深大寺(東京・調布)の門前そば

た際に、大福庵でそば切りの馳走になった、と記している。

このように、現在判明しているそば切りの歴史を紐解くと、なぜか寺院関係から始まっている。昔から、僧侶にはそば好きが多いといわれるが、精進を旨とする僧侶が、修業時代から食べておいしいそばを好んだことは想像にかたくない。『宇治拾遺物語』❸巻一には、比叡山の僧が仲間の僧と寄っては、そばがきを食べて楽しんだという説話が載る。比叡山の回峰行に代表される荒行の際の重要な栄養源とされたことからもわかる通り、そばは僧侶にとって大事な強精の栄養食であった。とすれば、戒律の厳しい寺院での生活の中で、その料理方法に創意工夫を凝らしたとしても不思議はない。寺方そばは、このような背景の中から生まれるべくして生まれたともいえる。寛政6年(1794)頃の江戸川柳に、

棒の手を見せて和尚ハ地走(馳走)する

そばが全盛を誇った江戸では、事あるごとにそばを打つという好事の僧侶も少なくなかったらしい。昔から寺では、そば、うどんの振る舞いが多く、客や檀家のもてなしから貧民救済にまで、広くそばが供されている。各地の寺院の門前町に門前そば❹としてそば店が多く見られるのは、寺方そばの歴史と深く関係しているようだ。

主な参考資料・『蕎麦の世界』(新島繁「そば屋の変遷」)、『川柳蕎麦切考』

---

❶定勝寺の古文書
10頁の項目**1**参照。

❷慈性日記
10頁の項目**1**参照。

❸『宇治拾遺物語』
鎌倉時代の代表的説話文学集。成立は13世紀初め頃と推定されるが、編者は未詳。天竺(インド)、震旦(中国)、本朝(日本)にわたる197話の説話が収められている。滑稽的な要素もあるが、仏教的色彩が濃い。

❹門前そば
門前そばとして賑わいを見せているところとしては、東京の深大寺、長野の善光寺、島根の出雲大社などが有名。また、香川の金比羅宮など、そばだけでなく、門前にはうどん店も多い。

7 「庵」がつく屋号が多いのはなぜか？

そばの章 歴史・文化篇

江戸時代中期頃、江戸浅草芝崎町に浄土宗の一心山極楽寺称往院《しょうおういん》という念仏道場があり、その院内に道光庵という支院があった。この道光庵の庵主は信州の生まれだったので、そばが好きだっただけでなく、そば打ちも大変上手だった。そこで、享保（*1716*～*36*）の頃から檀家の人々に自ら打ったそばを出して喜ばれていた。そばは浅い椀に盛った真っ白い❶御膳そばで、寺方なので魚類のだしは使わない精進汁に辛味大根の搾り汁を添えて出した。町の二八そばしか知らなかった檀家の人々がそのうまさに驚き感心し、このそばを目当てにさかんに押しかけるようになる。さらに檀家以外の人々までがその評判を聞きつけ、信心にかこつけて食べに来るようになったという。寛延（*1748*～*51*）の頃になると、その評判はいよいよ高まり、安永6年（*1777*）刊の評判記『富貴地座位《ふきじざい》』中巻（江戸名物）では、本職のそば屋を押しのけて筆頭に挙げられるほどであった。

この「そば切り寺」道光庵の名声にあやかろうと、当時のそば屋の間では競って、屋号に庵号をつけるのが流行した（刊行年不詳、小柳燕泰子著

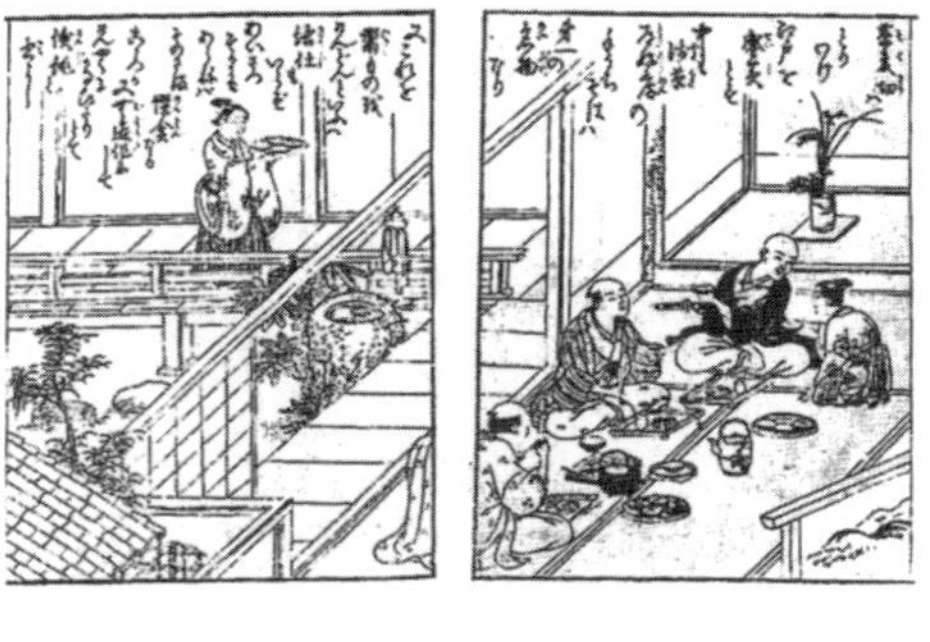

道好庵蕎麦（絵本『浅紫』より）

『蟹甲《かいこう》雑記』）。天明7年（*1787*）刊の名店案内『七十五日』に紹介されている「東向庵」（鎌倉河岸竜閑橋）、「東翁庵」（本所緑町）、「紫紅庵」（目黒）、「雪窓庵」（茅場町薬師前）の４軒がその先駆けで、文化（*1804*～*18*）の頃には、その流行は極みに達した。いまに残る庵号には、「長寿庵」、「松月庵」、「大村庵」、「萬盛庵」などがある。

しかし、本家・道光庵のそば切りは、長くは続かなかった。繁盛のあまり、寺なのかそば屋なのかのけじめがつかなくなり、見かねた親寺・称往院の再三の注意にもかかわらず内緒でそば振る舞いを続けていたため、天明6年（*1786*）、ついに❷そば禁断の石碑が門前に建てられ、大繁盛のそば切りは三代にして打ち切られた。この石碑は安政2年（*1855*）の大地震のために倒壊したまま行方不明となり、道光庵も明治6年（*1873*）に称往院に併合されてしまったが、昭和3年（*1928*）、❸称往院が現在地（東京都世田谷区北烏山）に移転する際に地中から見つかった。三つに折れていたが修復され、再び門前に建てられている。

屋号の庵号が最初に文献に現れるのは、寛延3年頃の洒落本の『烟花《えんか》漫筆』で、大坂道頓堀にあったそば屋「寂称庵」を紹介している。しかし、江戸での庵号の流行との関連はなさそうである。

主な参考資料・『蕎麦の世界』（新島繁「のれん由来」）

---

❶御膳そば
「御膳」は食膳・食事または飯の尊敬語（『広辞苑』）で、転じて上物、上等、精製などのそばを意味する。

❷そば禁断の石碑（写真左）
石碑の右側面に「不許蕎麦　地中製之而乱当院之清規故　入境内」と記されている。

❸称往院
現在地は東京都世田谷区北烏山。かつて「そば切り寺」とも呼ばれただけあって、盆前の施餓鬼会（せがきえ）にはそば振る舞いが催されたが、現在は行われていない。

8 そばの章 歴史・文化篇

そば店の看板にある「生そば」の意味は？

「生そば」（生蕎麦）の本来の意味は、つなぎを加えずそば粉だけで打ったそば（生《き》粉《こ》打ち）のことで、「きそば」と読む。江戸前期においては、そばといえばすべてこのきそばであり、小麦粉をつなぎに用いるようになったのは、江戸時代中期以降のことである。

ただし、それまでは小麦粉をつなぎに加えればよりなめらかで、ツルツルとのどを通るそばが打てるということを知らなかったから、生粉打ちが当たり前で、わざわざ「生蕎麦」と断わる必要はなく、たんにそば、あるいはそば切りといえばよかった。

時代が下り18世紀になると、小麦粉の割り粉を加えるそばが全盛となっていく。ところが、最初は麺のつながりをよくするために加えていた小麦粉の量が次第に増えてそばの品質は低下の一途をたどり、宝暦（*1751*～*64*）以降一世を風靡した「二八そば」は、ついに「駄そば」、つまり粗雑なそばの代名詞になり下がってしまった。❶『蕎麦全書』（寛延4年［*1751*］）にも、「昔よりつなぎと称して、そばばかりは製しがたしとて、小麦麺《こ》を入る↘

江戸は下谷二丁目にあった「東流庵夷屋（えびすや）」の報条。幕末の頃のもので「御膳生蕎麦」の文字が右上に見える。

事になりぬ。わけて麺店家にてはそばに小麦の粉を入るゝにあらず、小麦粉にそば粉を加へ入るゝになりたり。これを常とす麺店家の蕎麦を食して善悪をいふ事いとをかし」

と、何やら皮肉めいた記述が見える。

一方、高級店は座敷を設け、「手打」あるいは「生蕎麦」を看板にして、二八そばとのグレードの違いを強調した。もちろん、製麺機のない時代のことで、どちらも手打ちに変わりはないのだが、精製という意味であえて「手打」といったまでのことである。

しかし、幕末頃になると、二八そばまでが「手打」や「❷御膳生蕎麦」を名乗るようになり、その判別はつかなくなってしまった。現在、暖簾や看板に「生蕎麦」とか「御膳」と書いたりするのは当時の名残で、一般には生粉打ちを意味することはない。

ところで、昭和50年(1975)代に入ったあたりから、もう一つの「生そば」という表示が登場した。テイクアウトで家に持ち帰って食べることのできる生《なま》のそばのことで、家で茹でればよいだけになっている。主として大晦日の年越しそばの売り出しで使われるようになったようである。

主な参考資料・『蕎麦の世界』（新島繁「そば屋の変遷」）、『そば通ものしり読本』

❶『蕎麦全書』と正直そば

「正直そば」は、浅草・馬道にあった江戸中期のそば屋のこと。本来の屋号は「伊勢屋」。寛永(1624～44)の頃に浅草で黒椀に盛った生そばを売ったのが始まりで、延宝1年(1673)に南馬道町に移り、宝暦5年には駒形にも出店した。正直そばの由来については、『蕎麦全書』では「正直にして小麦粉をまじえざるとの意なり」と生そば説を伝えているが、安く量が多いという安売り説もある。

❷御膳生蕎麦

ここで使われている「御膳」という言葉は、御膳そばのようにさらしなそばを意味していない。御膳は食膳・食事または飯の尊敬語で、そこから転じて上等、精製などの意味に使われている。これによって生蕎麦同様、駄そばに対する高級感を打ち出している。

9 「藪」、「砂場」、「更科」の屋号の由来は？

そばの章 歴史・文化篇

「藪そば」の元祖とされるのは、享保期（*1716～36*）、江戸・雑司ヶ谷にあった「藪の内爺《じじ》がそば」。鬼子母神《きしもじん》から離れた藪の中にあった一軒家の農家で、兼業でそばを売ったところ評判となった。当初は「雑司ヶ谷そば」で通ったが、門前の茶屋町にそばを看板とする茶屋ができたため、いつしか「藪の内そば」、略して「藪のそば」と呼ばれるようになる。安永期（*1772～81*）には江戸名物に数えられ、文政期（*1818～30*）に至るまで繁盛した。

文化期（*1804～18*）には深川でも「藪そば」が名をあげている。やはり竹藪の傍らにあったことからの名のようだが、「藪中庵」とも称したらしい。明治に入っても名代の老舗として繁盛し、東京市内の名店案内にもたびたび登場したが、同30年代に暖簾を下ろした。

また、幕末頃には駒込団子坂（東京都文京区千駄木）の「蔦屋《つたや》」も藪蕎麦の通称で親しまれ、明治期には東京を代表する名店の1軒となった。事情あって明治末期に廃業したものの、神田連雀町（千代田区）支店の後継者がその暖簾を引き継ぎ、同所と浅草でその伝統を守っている。

「藪蕎麦」の通称で親しまれた駒込団子坂にあった「蔦屋」の全景。

「砂場」は現在営業しているそば店の中でもっとも古い暖簾である。江戸時代の大坂、新町遊廓（西区）の俗称「砂場」❶が発祥地だったことからの屋号と考えられているが、たしかな史料がないため詳しいことはわからない。江戸のそば屋として初めて砂場が出てくるのは寛延4年（1751）刊『蕎麦全書』で、薬研堀《やげんぼり》（中央区）の「大和屋」が「大坂砂場そば」の名目（売り文句）を掲げている。江戸へ進出した経緯などは不詳。嘉永1年（1848）刊『江戸名物　酒飯手引草《しゅはんてびきぐさ》』には6軒の砂場が載るが、「糀町《こうじまち》七丁目砂場」（千代田区）は荒川区に場所を移して健在。

一方、「更科」はもともと屋号ではなく、そば屋の掲げた名目で、これも初出は『蕎麦全書』。同書では、馬喰町（中央区）の「甲州屋」と浅草の「斧屋」を挙げている。寛政期（1789～1801）には麻布永坂町（港区）に「布屋」が創業。初代の出身地・信州と主家・保科《ほしな》家の縁から地名の「更級」❷を「更科」として「信州更科蕎麦所」❸の看板・名目を掲げた。大名家に出入りする高級店として発展、明治以降も東京の代表的な老舗と知られた。ところが、同34年刊『東京名物志』などを見ると、布屋ではなく「永坂の更科」と紹介されている。名目の「更科」が通称として喧伝されるうちに、いつのまにか屋号であるかのように定着してしまった。

主な参考資料・『蕎麦の世界』（新島繁「のれん由来」）

「永坂町更科蕎麦店の図」（明治35年刊『風俗画報』より）

❶「砂場」が発祥地
15頁の脚注❶参照。

❷更級
信州更級郡の中心地、篠ノ井は江戸時代にはそば粉の集散地であったため、「更級」の地名は広く知られた。

❸信州更科蕎麦所
江戸時代のそば屋で「更科」を名乗ったのがたしかなのは、文政7年『江戸買物独案内』の「信州更科蕎麦所」が最初。

10 大晦日にそばを食べるのはなぜか？

そばの章　歴史・文化篇

「年越しそば」には、「歳取《としと》りそば」、「大年《おおとし》そば」、「大晦日そば」❶などの別名がある。その起源は明らかではないが、宝暦6年（1756）刊『眉斧《びふ》日録』八篇に、「闇をこねる歟《か》大年の蕎麦」と、「大年蕎麦」の語があることから、江戸時代中期頃にはすでに、歳末の習わしとなっていたと推定される。由来には、次のような諸説がある。

1.「運そば」説――鎌倉時代、博多の❷承天寺《じょうてんじ》で年末を越せない町人に「世直しそば」と称してそば餅を振る舞った。すると、その翌年から町人たちに運が向いてきたので、以来、大晦日に「運そば」を食べる習慣になったという。「運気そば」あるいは「福そば」ともいう。

2.三稜《みかど》（三角）縁起説――室町時代、関東三長者の一人であった増淵民部が、毎年の大晦日に無事息災を祝って「世の中にめでたいものは蕎麦の種　花咲きみのりみかどおさまる」❸と歌い、家人ともどもそばがきを食べたのが始まりとする。

3.「細く長く」の形状説――そば切りは細く長くのびることから、家運

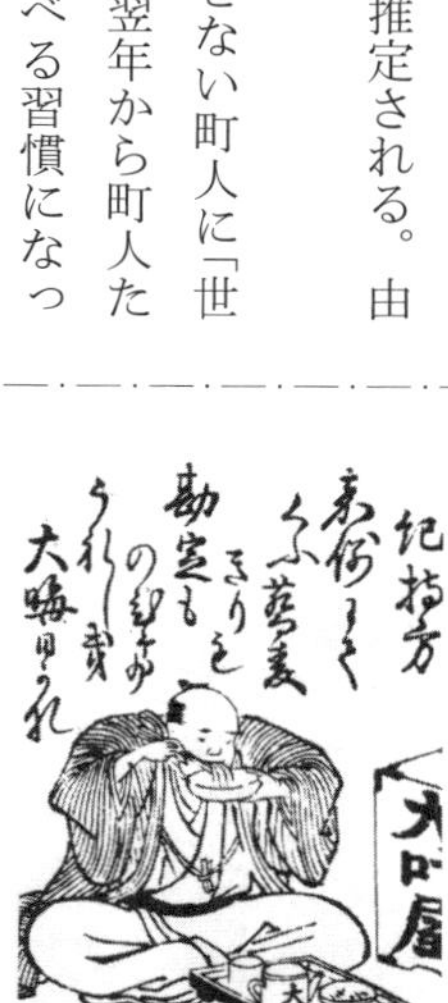

「嘉例にてくふ蕎麦きりも勘定ものびてうれしき大晦日かな」の狂歌に、「大晦日にそばを食う図」が添えられている。寛政5年（1793）刊「年始物申どうれ百人一首」より。

を伸ばし、寿命を延ばし、身代を永続きさせたいと縁起をかついだ。「寿命そば」（新潟県佐渡郡）、「のびそば」（越前地方）ともいう。

4．「切れやすい」ことからの形状説――そばは切れやすい。そこから、1年の苦労や厄災をきれいさっぱり切り捨てるためという説。「縁切りそば」、「年切りそば」ともいう。また、1年中の借金を絶ち切る意味で「借銭切り」（岡山県賀陽町）とも。どちらも残さずに食べきらないといけない。

5．そば効能説――『本朝食鑑』（元禄10年［*1697*］刊）にそばは「気を降し腸を寛《ゆるく》し、能《よ》く腸胃の滓穢積滞を錬《ね》る」とあるように、そばによって体内を清浄にして新年を迎えるという説。薬味のネギは、清めはらう神官の禰宜《ねぎ》に通じる、との俗信もある。

6．捲土重来説――ソバは一晩風雨にさらされても、翌朝に日が射せばすぐに立ち直る。それにあやかって「来年こそは」と食べる。

7．金運説――金箔細工師が金箔を延ばす時、そば粉で台面をよくぬぐってその上で延ばすと延びがよいとか、散らかった金粉を寄せ集めるのにそば粉を使ったといったことから、そばは金を集めるという縁起で食べるようになったという。

主な参考資料・『蕎麦の世界』（新島繁「そばの縁起」）、『そばうどん』21号（新島繁「蕎麦歳時記」）

❶大晦日そば
毎月末にそばを食べる晦日（みそか）そばは、江戸中期からの商家を中心とした風習といわれ、暮れの31日に食べる「大晦日そば」が年越しそばにつながったとする説がある。関西では月末のことを「つごもり」、年末を「おおつごもり」という。つごもりとは「月ごもり」が詰まった言葉である。

❷承天寺
開山は、宋に留学してソバ製粉の方法を日本に伝えたとされる聖一国師。境内には、昭和57年（1982）に地元の製麺業者によって建立された「饂飩蕎麦発祥之地」の石碑がある。

❸みかど
ソバの実は三稜なので「帝」に通じる。また、三角は夫婦と子供の関係にたとえられ、縁起がよいとされてきた。

11 雛祭りでそばを供えるのはなぜか？

3月3日の桃の節句（雛祭り）、またはその翌日に、雛壇に供える節句そば。この風習がいつ頃から始まったのかは不明だが、江戸時代中期には、民間でかなり広まっていたと考えられている。

江戸では4日の雛納めの日にそばを供えてから雛壇を崩し、雛飾りの道具をもとの箱にしまった。❶『俚言集覧《りげんしゅうらん》』に、「雛様の蕎麦　俗に三月四日に雛へ蕎麦を供するを云ふ」とある。また、文化7年（*1810*）刊の『進物便覧』にも、「四日の後宴に蕎麦を供へ、主客もろとも賞翫す」とある。3日でなく4日にそばを供えるのには、清めのそばを供えて来年までのお別れを告げるため、あるいは、雛さまの引っ越しだから、などの説がある。文政13年（*1830*）序の『嬉遊笑覧』巻六下、雛流しの条では、

今江戸の俗に、ひなを取りをさむる時、蕎麦を供ふ。何れの頃よりするに歟《か》、いと近きことなるべし。こは長き物の延ぶるなど云ふことを祝ふ心に取りたるなるべし。

と、長くのびる縁起からだと説明している。そば切りが長くのびることか

ら願をかける形状説で、年越しそばと同様の縁起である。

雛壇に供えるそばは、当初の頃はふつうの二八そばだった。しかし、やがて二八ではなく、三色そばや五色そばが供えられるようになる。

雛を飾る雛壇は元禄(*1688*〜*1704*)以前からあったが、町人文化の爛熟とともに調度はぜいたくさを増し、寛延(*1748*〜*51*)頃は2段に、さらに明和(*1764*〜*72*)頃には3段に増えていた。安永4年(*1775*)の句に、

　毛氈《もうせん》の上で二八を盛り分ける

というのがあるが、それでも安永以前までは膳の道具だけは、雛椀や折敷なども質素なものが用いられていた。しかし、その後は、膳に蒔絵などを施すようになり、豪華な雛飾りに合わせて、色彩の美しい変わりそばが喜ばれるようになったようである。

雛そばに用いる変わりそばは、ともすると五色そばと思われがちだが、3月3日だから重三《じゅうさん》(双六《すごろく》で二つのサイコロがともに3の数字を出した時の呼び名。縁起がよいとされる)にちなむ三色そばが古式に則しているとされる。

なお、江戸城中や大名屋敷では4日にそばを供えることはなかったようだ。また、地方によっては「雛うどん」を供える。

主な参考資料・『蕎麦の世界』(新島繁「そばの縁起」)

---

❶**『俚言集覧』**
江戸時代の俗語・俗諺を集め、語釈を施した辞書(太田全斎編)。成立年は不詳。明治33年(1900)に井上頼圀(よりくに)・近藤瓶城(みかき)による増補版が出ている。

12 引っ越しでそばを振る舞うのはなぜか？

そばの章 歴史・文化篇

「引っ越しそば」❶は、江戸時代中期から江戸を中心として行われるようになった習わし。転居先に荷物を運び入れたところで、家主、向こう3軒両隣に、新しく引っ越してきた挨拶としてそば❷を配るようになった。

この習慣が定着する以前は、小豆粥を重箱に入れて配ったり、小豆をそのまま配ったり、煎り豆を用いたりもしたようだ。なぜ、小豆粥や煎り豆からそばに変わったのか、その理由を説明してくれる文献がいくつかある。

天明4年（*1784*）刊の万象亭作洒落本『二日酔巵觶《ふつかよいおおさかずき》』に、

「何さ、相店ぐらいで小豆粥は手重い。餅を買つて配つても十五六軒、一本（銭一貫文）じゃァたらねへ。そばでも一ツはやられねへ、二ツづゝやると五百五六十が物ンだ」

というくだりがある。この、相店《あいだな》くらいで小豆粥とは挨拶が丁重すぎるという言い草から、そばにすれば安直だったからだ、という庶民の本音が見えてくる。相店とは、1軒の借家を2世帯で借りて住むことで、路地裏の棟割長屋は江戸庶民の一般的な住まいだった。

ちなみに、引っ越しそばは、隣近所へは2つずつ、大家、差配(管理人)には5つというのが決まりだったとされる。右の洒落本の書かれた天明期(*1781～89*)のそば1杯の値段は14文か16文。1杯16文のそばを隣近所の15軒に2つずつ、大家に5つとして計算すると560文になり計算は合うわけだ。また、天保6年(*1835*)刊の平亭銀鶏の滑稽本『街廼噂《ちまたのうわさ》』巻三では、江戸で引っ越しにそばを配る理由として、二八そばを2つで32文と手軽にすむから始まったもので、大坂にはその慣習はない、と述べており、これも安上がり説である。

江戸の習慣ということでは、大坂の狂言作者・西沢一鳳《いっぽう》が嘉永3年(*1850*)に書いた『皇都午睡《こうとごすい》』三篇中巻にも、「宿替引越の節、上方の宿茶《やどちゃ》とて附木《つけぎ》等を配ることなく、江戸は悉《ことごと》く蕎麦を配ること也。蕎麦屋もよく心得て、附合は何軒、大家主家はどこそこと皆配りて後、其代いくらいくらと取りに来る。誠に無雑作なり」とあり、『街廼噂』と同様の意見のようだ。

ともあれ、そば(近く)に越してきたことに引っかけて、「おそばに末長く」あるいは「細く長くお付き合いをよろしく」といったのは江戸っ子のしゃれで、そばが一番手軽で安上がりだったことが本当の理由だろう。そばが江戸町人の生活に浸透していたという証左でもある。

主な参考資料・『蕎麦の世界』(新島繁「そばの縁起」)

❶引っ越しそば
明治の末頃から大正にかけて、そば店が出していた「そば切手」をそばの代わりに渡すやり方が現れた。切手には「もり三つ」、「もり五つ」、「大蒸籠」などと書かれていた。

❷そばを配る
引っ越しそばのほかにも、江戸時代には、次のような時にそばを振る舞う習慣やしきたりがあった。
- 棟上げそば —— 建前にそばを振る舞う。
- とちりそば —— 芝居などでとちる(台詞を間違えたり、演技を仕損じるなど)と、楽屋中にそばを振る舞う。
- 新板もの祝いそば —— 地本問屋では新板ものが出ると、著者や画師などの関係者を招いてそばを振る舞う。
- 新吉原敷初めそば —— 遊女が客より夜具を新調して贈られた時は、祝儀としてそばを振る舞う。

そばの章

歴史・文化篇

13 ソバの粒食にはどんな食べ方があるか？

現在、ソバは一般に製粉してからそば切りやそばがきにして食べられているが、歴史的に見ると、その出発点は粒食、つまり製粉しないで粒のまま食べられていたと考えられている。ソバ食のもっとも原始的形態のわけだが、かといって粉食に比べて劣っているということではない。ただし、現在も行われている粒食は、ソバ粒を生のままではなく、一手間かけて「そば米《ごめ》」に加工したものが用いられる。

伝統的なそば米は玄ソバを水から煮て作られる。玄ソバの殻の口が開く頃合いを見計らって塩を入れた後、取り出してムシロ干しにし、十分に干した後でソバの稜を崩さないように注意して殻をはずす。ソバは脱穀時に砕けやすいが、茹でて干すことで砕けにくく殻もはずしやすくなる。

古くからそばどころ信州のものが知られ、製法も継承されており、平家の落人伝説で知られる[1]徳島県の東西祖谷山村《いややま》(現・三好市)をはじめとする阿波の山村ではいまも特産となっている。また、山形県の摩耶山《まやさん》山麓一帯でも伝承されてきたが、現在は主として[2]酒田市の名物になっている。なお、

そば米を使った料理

長野では「そばまい」、徳島では「そばごめ」、山形では「むきそば」と呼ばれ、調理法も異なる。

昔はこのそば米を米のほか、アワ、キビ、ヒエなどの雑穀と混ぜて食べられることも多かったようで、江戸時代の飯類専門の料理書『名飯部類《めいはんぶるい》』(享和3年[*1803*]刊)には、「そば米四合、粳《うるち》米六合の量にまぜ合はせ洗ひ、炊水一升三合余をもつて常のごとく炊熟す。だし汁、加料(薬味)」と記されている。長野に伝わる調理方法は主に米と混ぜて炊くもので、この記述に極めて近い。米のあまり穫れない地域での、いわゆる糧飯《かてめし》だったのだろう。同書にはほかに、そば米に米を少し混ぜて味噌汁で煮る方法も述べられている。

昔の山村などでは、手間のかかるそば米料理はハレの日の料理でもあり、そういう時にはいりこ❸でだしをとり、豆腐やサトイモ、刻みネギを加えてそば米の吸い物にするところもあった。現在は、雑炊やお茶漬け風に仕立てることが多いようだが、そば米だけか、あるいは長野式に米を何割か混ぜて炊く「そば飯」を名物にしているところもある。

また、近年はソバを使った創作料理が盛んになっており、麺や粉とは違った食感と風味のそば米は欠かせない素材にもなっている。

主な参考資料・『麺類百科事典』、『蕎麦の世界』(新島繁「郷土そば」)

---

❶祖谷のそば米料理

そば米の雑煮と雑炊がある。なお、そば米は11月頃に新ソバで作り、缶に入れて保存しておく。

- 雑煮——煮干しのだし汁に、さっと茹でてザルにあげておいたそば米と、豆腐、マイモ(サトイモの1種)の小イモをたっぷり入れて炊き、醤油で味を付ける。そば切りとともに、祝いごとに欠かせないとされる。
- 雑炊——雑煮よりもそば米は少なめにし、汁を多くする。ネギ、ニンジン、ダイコン、菜っぱなどを加え、醤油味にする。

❷酒田のむきそば

一般にそば米は温かい汁料理にされることが多いが、酒田では、比較的あっさりした醤油味で、1日ほどおいて冷たくした汁をかけて食べる。

❸いりこ

232頁の項目**111**参照。

14 そば切り以前の「そばがき」の食べ方は？

そばの章

歴史・文化篇

「そばがき」❶はソバ粉食のもっとも原始的な形で、古くからソバの穫れる地方で常食されてきた。水か湯さえあればすぐに作れる手軽な調理なので、山などでの携帯食、非常食としても重宝されてきた。いわゆる五穀断ちを行う比叡山の回峰行❷や高野山の木食行《もくじき》では、唯一の食糧とされている。

そば切りが発明されるまで、ソバの実そのままでない粉食としては、このそばがきが当たり前の食べ方だった。山村などでは、常食はそばがき、祝いなどハレの時にはそば切り、という使い分けをしていたところも多かった。「そばねり」（蕎麦練り）ともいう。

そばがきには、地方によってさまざまな呼び名（方言）がある。主には、「かいもち」（青森、岩手、秋田、山形、福井、岡山、福岡）、「かっけ」（青森）、「かっこ」（山梨）、「かっそま」（鹿児島）、「けぇもち」（岩手、長野）、「そばねっけ」（千葉）、「そばねり」（北海道、青森、宮城、新潟）、「そばねりくり」（山梨）、「そばねりげ」（三重）、「たてこ」（長野）など。味噌だれ、または醤油をつけて食べるのがふつうだが、秋田県男鹿《おが》半島では、郷土食のハタハタ

鍋がきの作り方

❶**そばがきの店**
いまではそばがきの専門店はほとんど見られなくなっているが、戦前までは、東京・浅草広小路の屋台にそばがき屋があり、花巻き、あずきをか

のしょっつるをつける「ねれけもち」が伝わっている。
　また、そば粉にほかの作物を混ぜてその風味を生かすことも、昔から各地で行われている。カボチャ＝「おねり」（山梨）、カブ＝「かぶらかいもち」（青森・五戸町）、サツマイモ＝「ねりげ」（三重・志摩）・「そまげ」（鹿児島）・「はんげつ」（佐賀）、キビ＝「つっくるみ」（福島・会津）など。
　❸そばがきの作り方としては、「鍋がき」、「碗がき」が代表的である。作り方の違いは、鍋がきがそば粉を水から溶きながら火にかけるのに対し、碗がきは熱湯で溶き練っていく点だ。ただ、鍋がきでも、水からではなく熱湯にそば粉を入れ、火にかけながら混ぜ合わせていく方法もある。すると、両者の決定的な違いは、かき混ぜる際に火を使うか否か、ということになる。
　一般には、鍋がきのほうが煮えた状態を見届けながら作業を進めることができるぶん、碗がきに比べて失敗することが少ない、といわれる。また、そばがきに練り上げた時の状態を比べると、なめらかさの点では鍋がきが碗がきより多少勝るのに対し、香りの点では逆に、碗がきのほうが多少すぐれているともされる。いずれにしろ、そばの香りを飛ばさないように、手早くそばのでんぷんを糊化（α化《アルファ》）させることがポイントになる。

主な参考資料・『蕎麦の世界』（新島繁「郷土そば」）、『麺類百科事典』

けたものを売っていたという。

❷千日回峰行
比叡山延暦寺の有名な荒行で、「千日」といっても3年間ではなく、7年かけて行われる。最初の3年間は、1年のうち１００日だけ、1日30㎞を歩いて２５５ヵ所を回る。続く2年間は1年に２００日、同じ修行を行い、通算７００日となる。ここに至って9日間の「断食・断水・不眠・不臥の行」に入り、これを修めた者だけが次の修行が許される。6年目は1年間に１００日の行だが、1日に歩く距離は60㎞と倍増し、巡拝も２６６ヵ所と増える。7年目は前半の１００日が1日84㎞、３００ヵ所巡拝となり、最後の１００日は当初の1日30㎞の行に戻る。これで合計１０００日、歩く距離は地球一周に匹敵する４万㎞に及ぶ。

❸そばがきの作り方
鍋がきの場合の分量は水1に対してそば粉０.８、碗がきでは熱湯とそば粉同量とするのが標準である。

15 「そば餅」、「そば焼き餅」とは？

「そば餅」はそばがきをほどよい大きさに丸めたもので、そのそば餅を焼いたものが「そば焼き餅」❶である。ただし、地方によっては焼いたものでも「そば餅」と称することもある。

そばがきはもっとも原始的なソバ粉食の形態であり、水か湯があればこと足り、作る手間もかからない。そのため、農山村では「そば切り」の登場後も、ハレの日のごちそうとして食べるそば切りに対して、そばがきは日常食とされてきた。そば餅はその発展形といえ、そばがきのままのものと、漬け物やあずき餡などをくるんで作るものとがある。高知県高岡郡の旧東津野村(現・津野町)では、丸く平たい餅状にまとめたそばがきをあらためて茹でたものを「ゆでもち」と呼ぶ。飛騨地方に伝わった「あずきはらませ」はそばがきで塩味のあずき餡を包んで茹でたもの。「はらませ」は「孕ませ」で、妊婦のおなかのように膨らんでいることからの名とされる。

各地で伝承されているのは主としてそば焼き餅で、さまざまな作り方がある。古くからのそばどころである長野県南佐久郡川上村に伝わるのは「は

はりこしまんじゅう(長野県川上村)

うちわもち(岩手県二戸郡)

りこしまんじゅう」。ネギ味噌とショウガやユズを混ぜたそばがきを、そば粉を散らした椀に適量入れる。このそばがきを、お手玉のような要領で放り上げては椀に受けることを繰り返して丸くする。「はりこし」とは「梁越し」で、勢いよく放り上げたそばがきが天井の梁を越すこともあるのが名の由来という。昔はこうして丸めたそばがきを柏の葉で包み、囲炉裏の熱い灰の中に埋めて❷蒸し焼きにして食べた。同じく信州の「芋焼き餅」は、そば粉とサトイモを練り合わせてから焼くもので、島崎藤村の小説『夜明け前』には、これを冷たい大根おろしにつけて食べる描写がある。

熱灰に埋《い》けて蒸し焼きにする作り方は各地に見られ、青森県・岩手県の「いびきりもち」、静岡県・愛知県の「そばぼっとり」などがある。いずれも、焼き上げてから灰が落ちやすいように、そば餅の表面をさっと乾かしてから熱灰に入れる。

また、煎餅風に焼いたものもある。岩手県二戸郡の旧安代《あしろ》町《ちょう》(現・八幡平市)の「うちわもち」は、客に出す茶菓子として作られたというもてなし料理。握りこぶし大のそばがきを平串に刺して棒状に延ばしてから、丸く平たい形に作る。これを茹で、両面にエゴマ味噌をたっぷりとぬり、囲炉裏であぶる。

主な参考資料・『蕎麦の世界』(新島繁「郷土そば」)、『そばうどん』22号

---

❶そば焼き餅
そば焼き餅は昔から携行食として重宝されたようで、『善光寺道名所図会』巻五には、「今も毎郡山中の人、蕎麦粉一升を焼餅二ツとして腰間に付くるなり」とある。

❷蒸し焼き
そば粉で作る御焼(おやき)がそば焼き餅。昔から御焼の盛んだった信州では、このほかに小麦粉で皮を作るもの、小麦粉とそば粉を混ぜるもの、米粉で作るものなどがある。また、山村では貴重な米を節約するため、アワやヒエなどの雑穀を用いた御焼もあった。囲炉裏の灰の中などに入れて焼くほか、蒸したり、蒸してから焼いたりする調理法がある。

16 岩手の「わんこそば」とは？

「わんこそば」は、岩手県の盛岡・花巻両市を中心とする地方に伝わる、振る舞いの郷土そば。出雲地方の「割子《わりご》そば」❶同様に、そばを供する容器の呼称がその名の由来である。「わんこ」とは、同地方の方言で、木地椀（浅い平椀）のことである。「わっこ」とも呼ばれる。

わんこそばの起源については、花巻説と盛岡説とがある。江戸時代、盛岡藩主が花巻城で食事に出された少量のそばと山海の菜を気に入られ、おかわりをされたという言い伝えから、明治期にそば店で出すようになり、それが市民の間にも広まったとするのが花巻説。戦後になって、某そば店が現在の形式を考案したともいわれる。

一方、昔、地主などの裕福な家で大勢の村人や客人にそばを振る舞った習わしが伝わったもの、というのが盛岡説。「お立ちそば」といって宴会の最後にそばを出す習慣があったことからともいわれるが、いずれにしろ、あまりに人数が多いと、一度に大量のそばを茹でることができない。そこで、茹でたてを振る舞うために少量に小分けして出しながら、その間に次

いろいろな薬味がにぎやかさを演出する。

の分を茹でるという形になったとされる。ともあれ、現在の形式が定着したのは戦後のことのようで、もともとが客への振る舞いそばなので、祝儀・不祝儀を問わず行われたという。

もてなしの基本形は、次のようなもの。客の後ろに給仕人が控えて立ち、少量のそばをすすめる。客の椀があくとすぐさま、待ち構えていた給仕人が次のそばを椀に放り込み、また食べ終わると入れるというふうに、ひっきりなしにおかわりを無理強いする。地元ではこれを「オテバチ」といい、客に対する一番のもてなしの礼儀だった。客は椀に蓋をしない限り、おかわりを強要され続けることになるが、このように、少量ずつのそばを次々と椀に投げ入れていく接待方法は、江戸時代中期、江戸で流行した「そば振る舞い」にその原型を見ることができる。

わんこそばのそばは、一口か二口分ずつに小分けされ、熱いつゆにさっとくぐらせたもので味が付いている。そばの合いの手に添えられる薬味は、花カツオ、ナメコ、鶏そぼろ、漬け物など。一般にそば店では、マグロの刺身やスジコといった海の物も盛り込んでにぎやかさを演出している。近年、家庭で行われることはほとんどないようだが、昔は精進の薬味としては海苔、ネギ、刻みクルミの3種という決まりがあったそうだ。

主な参考資料・『蕎麦の世界』（新島繁「郷土そば」）、『蕎麦入門』

わんこそばの接待給仕の光景

❶容器の呼称による名目そば
兵庫県出石町名物の出石（いずし）そばは、別名「皿そば」。出石焼の平皿にそばを盛り、汁をかけてすすり込む。通常、5皿で1人前。このほか、こしきと呼ばれる30㎝四方の板の箱に盛る長崎県対馬の「こしきそば」、長方形の大きな薄箱に盛る新潟県小千谷（おぢや）の「へぎそば」などがある。

17 山形の「板そば」、新潟の「へぎそば」とは？

そばの章
歴史・文化篇

山形県の内陸部、山形市を中心とする村山地方では、木製の大箱に2〜3人から数人前のそばを盛ったのを「板そば」と呼ぶ。木箱は長方形で、周囲に低い縁を付けたもの。現在では、ふつうのそば蒸籠のように塗り物の箱を使用するそば店もあるが、もともとはスギ板でがっしりと組んだ無骨なものだったらしい。はっきりとした由来は定かではないが、一説に、古くは地域の共同作業や集会などの折に参加者が分け合って食べ、地域の良好な人間関係が長く続くようにと縁起をかついだものという。太打ちの田舎そばを山盛りにするのではなく、薄く広げるように盛り付けるのが本来の形ともいわれる。「箱」に盛るのに「板」と呼ばれる理由も不明だが、竹簀を敷かず板に直接盛るから、という説もある。

また、同じ山形県でも、日本海側の庄内地方南部、温海《あつみ》温泉あたりでは「そねそば」と呼ばれるが、この地方では同様の箱型の入れ物を「そね」と呼ぶことに由来する。

「へぎそば」は新潟県中越地方、小千谷《おぢや》や十日町を中心に伝えられてきた

板そば

同地方の郷土そば。山形で「板」、「そね」と呼ばれる長方形の折敷状の浅い箱を、この地方では「へぎ」という。へぎは本来、スギやヒノキ材を削らずに薄く剥《は》いだ板を指すが、こちら「へぎ」はふつうの板材で作った箱である。へぎそばの特徴は、つなぎに海藻のフノリ(布海苔)を使う独特のそばと、その盛り方。この地方は古くから絹織物の越後縮《ちぢみ》の産地と知られる。その織物製造の過程で使われるフノリ(乾燥させたものを水で煮るとゼラチン状になり、色も褐色から緑に変化する)が、いつしかそばのつなぎに利用されるようになったという。特有の歯切れのよさと、そばの表面のなめらかさは、よそのそばには見られないものだ。このそばを1玉ずつ渦巻き状に丸め、竹簀を敷いた箱の中に並べて盛る。この盛りつけの仕方から、「手振《てぶ》りそば」とも呼ばれる。

なお、九州北部、玄界灘にある長崎県対馬《つしま》では昔からソバ栽培が盛んで、かつては朝鮮へ輸出していたほどだったが、この対馬に古くから伝わってきたそばに「こしきそば」がある。「こしき」とは甑、すなわち蒸籠の呼び名で、これに盛って供することからの名である。素朴な作りの大型の蒸籠であり、これもまた板そばの一形態と見ることもできるが、残念ながら現在はその伝統は絶えてしまったようである。

主な参考資料・『蕎麦の事典』、『そばうどん』5号（「郷土そばの源流」）

へぎそば

そばの章 歴史・文化篇

18 信州の「お煮かけ」、「とうじそば」とは？

「お煮かけ」、「とうじそば」は、そばどころ信州（長野県）に古くから伝わる郷土食。野菜をふんだんに加えた汁で食べるそばである。

いうまでもなく、信州は古くから良質のソバの産地と知られている。山間地の土壌と気候がソバ栽培に適しており、元禄10年（1697）刊の『本朝食鑑』は、ソバはどこでも栽培されているが、信州の産には及ばない、と断言している。「そば切り」の初見が発見されたのも木曽の❶定勝寺《じょうしょうじ》である。

しかし、農山村の厳しい暮らしの中で、ふだんからそば切りを食べられたわけではない。各家庭では主婦などの女性の夜なべ仕事でそば粉は挽いたが、そば打ちは手間と時間がかかるため、日常はそばがきなどにして食べた。そば切りは、お客を迎えるとか、婚礼などの祝いごとのある日にのみ食べるハレの食べものだった。

そういうハレの日のそばの中でも、特別のごちそうだったのがお煮かけ、とうじそばである。囲炉裏の火にかけた大鍋のたっぷりの汁で身近にある野菜やキノコ、油揚げなどを煮込んで汁を作る。味付けは自家製の味噌で、

とうじそば。野菜やキノコなどを煮込んだ鍋に、茹でて小玉にとったそばを竹で編んだとうじ籠（写真手前）に入れて温め、器に取って具と汁をかけて食べる。

煮干しでだしをとることもあった。キジなどの山鳥や野ウサギの肉を加える時は大変なごちそうだったという。雪に埋もれる冬季には、秋頃までに干して保存しておいた野菜を入れた。この汁と具を、茹でたそば、またはうどんにかけて食べるのがお煮かけで、「お煮かけ汁」ともいう。寛政1年(*1789*)序、菅江真澄著『かたゐ袋』には、「しなの〻国に、にかけといふあつものあり。小麦・蕎麦などにいろいろのあはせしてたうびぬ」とある。また、十返舎一九の滑稽本『木曾街道　続膝栗毛』六編(文化12年[*1815*]刊)の野尻(現・木曽郡)の場面では、茶屋の女の「おにかけの煮たてがござんさァ」、「おそばの煮たのでござりまさァ」という台詞が出てくる。そばを汁に入れて煮込むこともあったのだろう。

また、茹でて小玉にとったそばを根曲がり竹で編んで柄を付けた小さな竹籠に入れて、煮立った鍋の汁に通して温め、これに汁と具をかけて食べることもある。これがとうじそばである。この小籠を「とうじ籠」と呼ぶことからの名で、「とうじ」の語源は、湯に浸けて温めることから「湯じ」、あるいは、汁に投じることから「投汁」との説がある。このとうじそばは、野麦峠に近い旧・奈川村(現・松本市奈川)一帯が発祥とされている。

---

❶定勝寺
10頁の項目**1**参照。

19 出雲の「割子そば」とは？

そばの章 歴史・文化篇

「割子《わりご》そば」は島根県の出雲地方に伝えられる郷土そば。平地の少ない島根県では古くからソバ栽培が盛んで、出雲大社のある出雲市や松江市を中心として独自のそば食文化が育まれてきたが、その代表格として広く知られるのが割子そばである。はっきりとしたことはわからないが、発祥は江戸時代末期頃とされている。一説に、松江の趣味人たちが春の若菜摘みや秋の紅葉狩りなどの野遊びの際に、手軽に持ち運びのできるそばの弁当箱として考案したという。

「割子」はそばを盛る容器の名称で、昔、出雲地方で重箱を「わりご」と呼んだことに由来する。古くは木皿を5つ重ねた形で、それを順に食べていくことから、いくつにも割れている、という意味ともいわれ、また、その木皿の形が戦国時代の武士が使用した盒《ごう》という食器に似ていることからの名ともいわれる。古くはスギ、またはヒノキで作り春慶塗を施した正方形の箱型のものが基本で、外側は黒、内側は赤く塗る松江市特産の八雲塗《やぐもぬり》や、石川県の輪島塗のものもあった。大きさも現在の容器に比べて大型の

割子そばの容器。手前が拍子木型、右手が小判型で、左奥が現在の丸型。

ものが多かったようだ。

明治年間には長方形のものも現れ、同末期から昭和初期にかけては小判型や丸型のものも使われたが、昭和12年(1937)の保健所法の制定で事情が変わった。従来の方形の割子は四隅が洗いにくく不衛生ということで、現在見られる丸型の容器のみに変わる。イチョウ木地で作った輪島塗のものが多く用いられているようだ。また、現在は割子3枚組みで1人前の量というスタイルが一般的。まず上段のそばに薬味をのせ、つゆをそばの上に直接かけて食べる。上段を食べ終えたら中段のそばと、順々に食べていく❶独特の食べ方だ。薬味は青ネギ、紅葉おろし、花カツオ、海苔の4品が標準で、生卵がつくこともある。

なお、出雲そばでは割子そばのほか「釜揚げそば」も知られる。通常の釜揚げと違い、そば湯を張った丼で供され、割子そばと同様に、好みでつゆと薬味をかけて食べるのが特色だ。

いずれにしろ、出雲そばの第一の特徴は、粗く挽き込む挽きぐるみの粉で打つことにある。そのため、そばの色は黒っぽく、独特の歯応えがあり、ソバ特有の香りが強い、野趣溢れる田舎そばである。また、古法では1本の麺棒で丸く延し、手ごまで切る。


主な参考資料・『蕎麦の世界』(新島繁「郷土そば」)、『蕎麦の事典』

3段重ねの割子そば

❶独特の食べ方
出雲地方には昭和初期頃まで、「拍子木食い」や「のの字食い」といった遊びのそば文化があった。拍子木食いは、角型の割子を両手に一つずつ持ち、拍子木のように合わせて中のそばを内側に寄せ、箸を使わずにすすり込む。のの字食いは、2本の箸先をそばの中に差し込み、のの字を書くようにかっ込んで食べる。

20 ダイコンの搾り汁で食べるそばとは?

そばの章　歴史・文化篇

昔はソバの名産地では、そばをダイコンの搾り汁で食べることは珍しくなかった。現在もその食習が受け継がれている地域が各地にあるが、江戸時代からもっとも知られたのが信州であった。浅草の道光庵❶で出すそばは、寺院でありながらそば屋以上の評価を受けて評判となったが、そのつゆは辛味大根の搾り汁。庵主は信州出身だったという。

以下は古いなぞなぞ。

木曽の山道とかけて打ちたてのそばと解く

心は辛味(空身)で上がれ

長野県の木曽地方では、ダイコンを熱灰に入れて辛みを増してからおろして布ごしし、このおろし汁にすった焼き味噌を混ぜて再び布ごししたつゆが伝わる。このつゆは「からつゆ」、「鬼汁」などと呼ばれるほどの辛さであり、同じ食べ方は伊那市高遠《たかとお》町および周辺地域にも伝わっている。

ところで、福島県会津地方にも信州同様の食べ方が伝承されており、こちらは「高遠そば」という。背景にあるのは江戸時代の国替え。寛永20年

(*1643*)、伊那・高遠藩主だった保科正之《ほしなまさゆき》が最上山形藩主を経て会津藩に移封された際に、伊那地方の食べ方が伝えられたためといわれる。大名の国替えは家臣、民間を問わず多くの随員を伴ったため、その生活習慣や食文化も同時に移植され、新任地に大きな影響を及ぼした。高遠そばはその典型例の一つである。ちなみに近年、伊那地方でも高遠そばを品書きに加えるそば店が増えており、これは会津からの逆輸入ともいえる。本家のはずの伊那地方では一時期、からつゆはほとんど廃れてしまい、わずかに山間部の家庭で受け継がれてきたが、地域をあげて伝統を復活しようという動きが広がっているという。

一方、「おろしそば」の名で知られるのは、福井県の福井市や越前市武《たけ》生《ふ》の「越前そば」だが、同じ福井県でも小浜市あたりでは「からみそば」と呼ばれる。そば店では、かけつゆや生醤油を加えてそばつゆとするが、ダイコンの搾り汁だけを用いる店もあればおろしのまま用いる店もある。また、昔は深皿盛りにした茹でたての熱いそばに冷たいつゆをかけるぶっかけだったが、最近は一般的なつけつゆの形で供する店が多い。

越前そばは「噛みしめて味わうそば」といわれるように、色が黒く、コシの強い太打ちのそばが伝統だ。

主な参考資料・『そばうどん』5号・22号・40号

越前おろしそば

❶道光庵
22頁の項目7参照。

21 つなぎに大豆を使うそばとは？

そばの章　歴史・文化篇

大豆をつなぎにして打つそばは古くからあり、享和2年（1802）写本の『拾玉知恵庫』に、「蕎麦粉をこねる時、大豆の呉汁を少し入れて打つべし。打ちて後一日置きてもそこねず」とある。また、明和2年（1765）板『秘伝世宝袋《せほうぶくろ》』には、古くなったそば粉でも、大豆粉を少し加えて打ったそばは切れにくくなると書いてある。

青森県津軽地方に伝わる郷土そばの「津軽そば」は、この大豆つなぎの手法が現代にまで受け継がれた代表格ともいえる。作り方にはいろいろな流儀があるようだが、次にいくつかの製法を挙げる。❶

1．熱湯にそば粉を入れてそばねり（そばがき）を作り、一昼夜、水に浸して冷やす。1～2日ほど水に浸けておいた大豆をすり鉢でよくあたって水を少し加え、別に用意したそば粉に入れてよく混ぜ合わせる。先のそばねりの水気をきって、大豆を加えたそば粉の中に入れて硬くこねる。麺棒で延して切り、夏なら数時間、冬は一昼夜、地元で「オリダ」（折板）と呼ばれた生舟などに入れてねかせる。このねかしによって、そばは飴

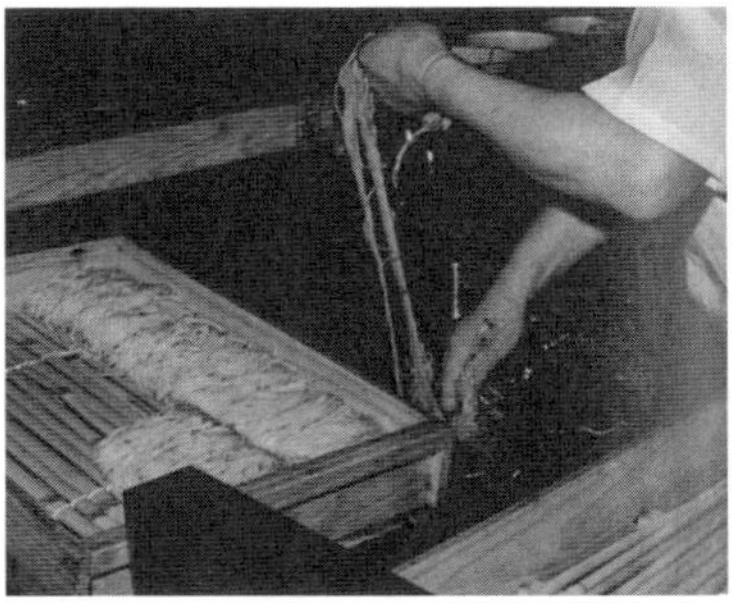

津軽そば。茹でて水にさらし、1食分ずつ玉に丸めて水気をきる。茹でおき（煮おき）の状態で3～4日は日持ちするという。

色になり、コシが強くなるのだという。茹でて玉に取るが、6月頃でも3〜4日は日持ちする。

2．そば粉に大豆粉を3％ほど混ぜてそばがきを作り、そば粉に入れて練り上げる。これを水に一晩浸け、翌日、そば粉をまぶして打ち上げる。

3．蒸した大豆を搾って大豆汁を作り、一定の温度で8時間以上おいて発酵させたものをこね水として用いて打つ。なお、この方法は今日、「呉《ご》汁《じる》つなぎ」と呼ばれる手法に近い。大豆を水に浸し、柔らかくしてつぶしたものを呉といい、これをだしなどでのばしたものを呉汁という。呉汁つなぎは、6〜7時間ほど水に浸した大豆をミキサーなどですりつぶして布で搾った液を湯煎で加熱し、この液をこね水として打つもの。ただし、一般には呉汁ではなく豆乳が用いられることが多い。

いずれにしろ、茹で上げて玉に取ってからの保存性にすぐれているのが、津軽そばの最大の特長で、江戸時代から明治にかけて、弘前あたりで有名だった夜そば売りにはうってつけのそばであった。食べ方は「かけ」が基本。熱くしたつゆをかけてフーフー吹きながら食べるところに醍醐味があったという。だしはイワシの焼き干しと昆布などでとり、醤油だけで味付けする。薬味はネギと紅葉おろしが決まりである。

主な参考資料・『そばうどん』5号・18号・39号、『蕎麦入門』、『そば・うどんの応用技術』

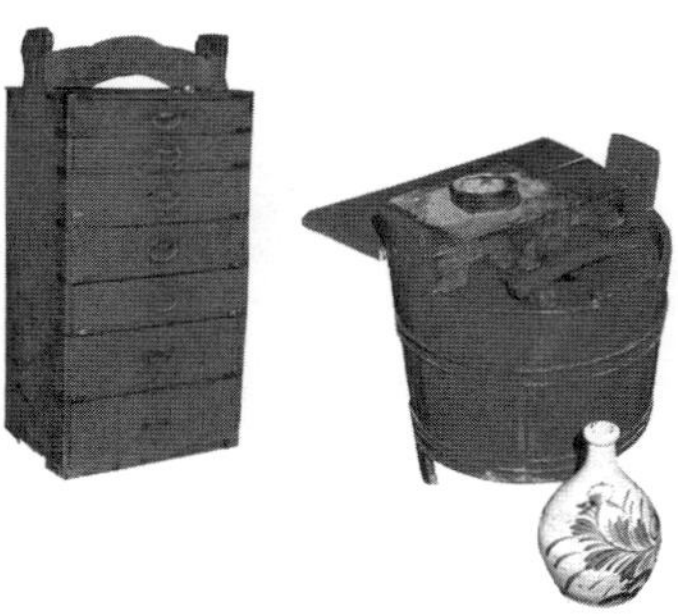

津軽そばの屋台用のけんどん箱(左)と木桶(右)。昔は、天秤棒でかついで売り歩いた。

❶そばねり

そばねりの作り方には2通りある。そば粉を水溶きにして火にかけ、だんだん練り上げていく「寒練り」と、煮えたぎった湯へそば粉を入れる「地獄練り」で、いずれも焦げつかないように、素早くかき回す。力とコツのいる仕事である。

22 「凍りそば」、「寒晒しそば」とは？

そばの章 歴史・文化篇

「凍《こお》りそば」は、信州でも指折りのそばどころであった長野県柏原近辺で、寒中に作られていた乾燥そば。乾麺といっても直線状ではなく、何本かのそばを丸くまとめた輪状の麺だ。凍りそば作りは冬の農閑期の主婦の仕事で、昭和初期頃までは盛んに作られ、柏原名産として東京などへも出荷された。戦後は廃れて「幻のそば」になりかけたが、同61年（1986）から復活された。古くは「氷そば」とも書いた。

大寒頃の厳しい寒さを利用するため、作業は夜行われる。そば粉100％で手打ちにしたそばを茹で、2本の指に巻きつけて小さな輪にまとめる。これを簾の上に並べて屋外に出して凍らせる。よく晴れて、外気温が零下15℃くらいの夜が最適という。一晩外で干してカチカチに凍らせたそばは、朝日が射す前に納屋に取り込み、風通しのよい場所で約1ヵ月間陰干しにする。この間、凍ったそばは解凍と凍結を繰り返し、次第に水分が抜けていく。この現象を地元では「しみかわき」と呼び、高野豆腐などにも見られる天然のフリーズドライ製法である。3月に入って雪が緩む

凍りそば

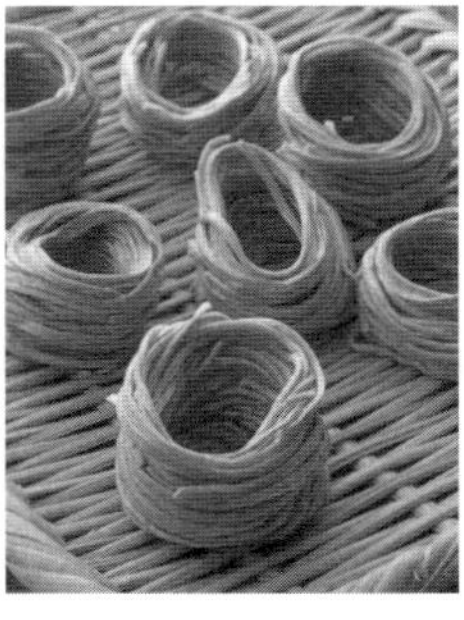

頃になってから再び屋外の日当たりに出し、十分に乾燥させる。

一方、「寒晒《かんざら》しそば」も同じく厳寒期を利用するものだが、玄ソバのままで加工はしない。寒中に冷たい水、あるいは清流に数日間浸けてから寒風にさらし、乾燥させた玄ソバのことである。また、その玄ソバを製粉して打ったそばをもいう。

江戸時代には、諸大名から将軍家への献上品がたびたび贈られた。献上物には年始、歳暮といった定式のもののほかに、時献上といって四季ごとに自領の特産品などを献上したが、信州高遠《たかとお》藩では「暑中信州寒晒蕎麦」を献上した記録が残っており、ソバが劣化する夏場においしく食べられるという意味合いだったと解釈されている。起源はかなり古く、元禄10年(*1697*)刊の『本朝食鑑』は寒晒しの方法について、「朧《おぼろ》月(旧暦12月)、殻のついたままの好い蕎麦を三十日間水に浸し、立春の日に取り出し、曝乾してから収蔵する」と書いている。

この寒晒しそばの製法は長く忘れられていたが、山形県山形市内の有志の製粉所とそば店が数年かけて復元に取り組み、平成9年(*1997*)に商品化された。その後、長野県茅野市の地元有志も再現に成功。同17年から市内のそば店で商品化されている。


主な参考資料・『そばうどん』19号・42号、『蕎麦の辞典』

寒晒しそばは、玄ソバを寒中に清流に数日間浸けた後、寒風にさらして乾燥させる。

23 檜枝岐に伝わる「裁ちそば」とは？

「裁《た》ちそば」の名は、延した生地を、まるで布を裁断するようにして切る技法に由来する。

福島県南会津郡檜枝岐《ひのえまた》村は県の南西端、2000m級の山々に囲まれた山あいの高地で、標高は900mをゆうに超える。村の大半が林野に覆われ、しかも有数の豪雪地帯。米や小麦は育たず、古くからソバやアワといった雑穀が常食され、夏はソバの播種前の焼畑が風物詩だったという。かつては交通の便の極めて悪い文字通りの陸の孤島で、秘境とも呼ばれたものだったが、近年は隣接する尾瀬の観光地化やそれに伴う道路の整備、村内での温泉の湧出などによって、多くの観光客が訪れるようになった。村内の旅館や民宿、食堂などでは郷土料理として裁ちそばを提供しており、檜枝岐名物として広く知られるようになっている。

裁ちそばはつなぎをまったく使わない生粉《きこ》打ちのそばで、昔は自家栽培のソバを村の製粉所の石臼で挽いてもらったものという。道具の「はんぞう(木鉢)」や麺棒は地元産。農地に恵まれなかった村では昔から山の仕事

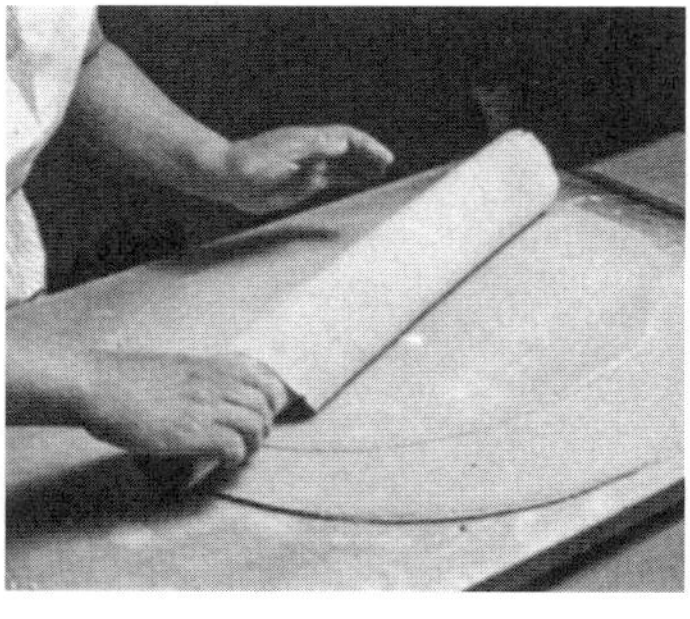

裁ちそばの延しの工程。太くて短い麺棒を用いて次々と円型に延していく。

が生業の柱で、雪に閉ざされる冬期に木工技術が培われたという。木鉢は底の浅い木地のままのものが伝統的。直径6〜8cm、長さ60cmほどの太くて短い麺棒を用いる。

製法の特徴は切りだけでなく、そば打ち工程の全体にわたって独特の技法が見られる。こねは湯と水を併用する湯ごね。まず熱湯を加えてそば粉全体に水分をまわして粘りを引き出し、足りない水分は水を足して練り上げる。生地を小分けにし、さらに一つずつ練り上げて、大人のげんこつより大きめくらいの均等な大きさのそば玉にする。このそば玉を次々ときれいな円型に延していく。最後に延し終えた生地をすべて重ね、菜切り包丁で向こう側から手前に引くように切っていく。こま板は使わず、刃に手を添えながら均等の幅に切り揃えるのが技術である。そば粉は乾燥を嫌うため、昔は湿気のある台所や土間で打ったそうだが、現在は延した生地は切るまでの間、新聞紙をかぶせておいたりしているようだ。

現在、旅館などでは一般的な関東風のそばつゆで供する。しかし昔は、ふだんの味噌汁などで食べ、盆や正月などのハレの日には、檜枝岐川で獲れるイワナを囲炉裏で燻製にした焼き干しでだしをとり、味噌すましに仕立てたそうである。

主な参考資料・『そばうどん』5号・40号

裁ちそばの切りの工程。菜切り包丁で布を裁つように、手ごまで切っていく。

24 そばにちなんだことわざとは？

そばの章　歴史・文化篇

そばに関することわざには、そば店、食習、栽培などにちなんだものがある。その一部を挙げる。

- そばのひとむずり――そばを食べた後、体をひとねじりするとすぐに腹がすく、の意。「むずり」は「曲がり」の方言。そばは消化がよいため、すぐ腹のすくもののたとえにされた。(山形県)
- そばは三分――そばはその香りや風味を味わうもの、つゆにどっぷり浸してはいけない、箸ですくったそばの先3分くらいをつけてちょうどよい、という戒め。昔はつゆが辛口だったせいもあるようだ。(東京都)
- うどん一尺そば八寸――それぞれのもっとも食べやすい長さとされる。
- うどん三本そば六本――箸ですくう時の量の目安をいったもの。うどんは太いため一度に3本くらい、細いそばは6本くらいがちょうどよい。
- 銅壺《どうこ》の湯で産湯を使う――そば屋の生まれを誇る言葉。❶銅壺はそばかまどに挟みこんだそば釜を囲んで湯を溜めておくところ。(東京都)
- そばで首くくる――できるはずのないことのたとえ。「そうめんで首く

角湯桶

くる」（山口県）ともいう。

●そば餅を食う――「傍杖《そばづえ》を食う」から出たしゃれ。隣室の睦言《むつごと》に悩まされること。

●そばに西瓜《すいか》――江戸時代、民間に流布された食い合わせ。

●そばの自慢はお里が知れる――よいそばが穫れるということは、冷涼な気候で土地もやせているため米ができないことを意味する。自慢にはならないという戒め。（長野県）

●そば屋の喧嘩――「そば」と「側《そば》」のしゃれ。喧嘩をする当人同士はともかく、側にいる人はたまらない。

●そば屋の湯桶――そば湯を入れる漆塗りの角湯桶は注ぎ口が四角い胴の角についていることから、他人の話に横から口を出すこと、また、その人をいう。

●そばの一《ひと》吹き――ソバはやせ地でもよく育つが風に弱く、倒伏しやすい。

●そばは七十五日たてば旧《きゅう》へ返る――「旧」は種（ソバの実）。ソバは実りが非常に早いこと。

●そばは生えるようになるとまずい――玄ソバの保管技術が未熟だった時代は、端境期である夏場はそばがまずくなった。

---

❶銅壺
158頁の項目75参照。

25 そば店にはどのような職制があるか？

そばの章　歴史・文化篇

そば店の営業形態が、そばうどん専門の飲食店として確立されたのは江戸時代中期の寛延年間（1748〜51）あたりからと推定されるが、これと併行して、そば店内での職人の仕事の持ち場、つまり職制も明確に決められるようになった。いわゆる分業化である。基本となる板前・釜前・中台《なかだい》・花番《はなばん》・外番《そとばん》のほか、補助的な仕事の脇釜・脇中《わきなか》・まごつきなどの持ち場も生まれた。さらに大店《おおだな》では、盛り出し・膳くずし・洗い方などの持ち場を設ける場合もあった。次に、持ち場ごとの仕事を簡単に解説する。

●板前――そば打ち、うどん打ちを専門とする人。製麺機を使うそば店では「運転」とか「機械場」と呼んだ。

●釜前――茹で釜の前にいて、そばやうどんを茹でたり器に盛ったりする。その日のそばのでき具合を見て、茹で時間を調節したりもする。また、種ものが出る場合は、中台の言う通りに洗ったそばやうどんを振りザルで温める。江戸時代から、そば職人の中で最上位にあったが、最近は中台の役割をより重要視する傾向もある。中台の仕事の進み具合とのタイミングが重要で、釜前と中台は「夫婦」にたとえられた。双方の呼吸が合わないと、厨房全体がスムーズに動かなくなってしまうためだ。なお、そば店でもっとも重要な仕事は店の味を決める汁作り（汁とり）で、店主以外では釜前が担当することが多い。

●中台——種ものを作ったり天ぷらを揚げたりするほか、汁の加減もみる。厨房の中での重要な役目を担う。調理技術のほか、花番が次々と通すいろいろな注文を手際よくさばいていく能力も要求される。また、中台の横にいて、つゆかけなどの手伝いをする者を脇中という。

●花番——お客の注文を聞き、奥の厨房に通したり、でき上がったそばや酒、料理などを運んだりする役目の人。本来は、注文を通す独特の「通し言葉」を使うのも花番の仕事のうちであった。店の端（はし）、つまり「はな」のところにいるため、「端（はな）を守っている人」の意味から「はな番」というようになり、主として女性が受け持つことが多いため、聞こえがよいように「花番」となった。最近はあまり聞かれなくなった職制で、一般には「ホール係」と呼ばれることが多い。

●外番——いわゆる出前持ちのことで、江戸時代には「担《かつ》ぎ」といって、浮世絵では粋な姿に描かれている。

「新撰百工図其三四」。そば屋の厨房の様子で、手前が釜前、右手が板前、奥に石臼でソバを挽く職人が描かれている。（明治28年［1895］刊『風俗画報第93号』より）

26 そばの章 歴史・文化篇

そば店の通し言葉とは？

お客の注文を調理場へ伝えることを「通す」といい、注文品は「出物《でもの》」とか「通し物」という。通し言葉は、江戸っ子の機智が生んだ手短な、わかりやすい符牒《ふちょう》で、独特の用語が使われる。

- つき――1個のこと。「天つき3杯のかけ」は、天ぷらそば1杯、かけそば2杯の意味。「つき」の後の杯数が、注文の総数。後からいわれる出物の数は、注文の総数より1個引いて数える。
- まじり――2個のこと。「天まじり7枚もり」は、天ぷらそば2杯にもり5枚で、計7個となる。枚はもり、ざるの単位で、種ものは杯で数える。
- かち――❶2種類の出物が5個以上の奇数で注文された時、多いほうの出物を先にして「かち」をつける。「天ぷらかって7杯おかめ」は、天ぷらそば4杯、おかめそば3杯の意味。偶数の時は「と」が使われる。「天ぷらとおかめで6杯」は、天ぷらそば、おかめそばが3杯ずつの意味になる。

●さくら——そばの量をふつうより少なめに盛って出すことをいう。「ざるおかわり、台はさくらで願います」と言えば、2枚目は量を加減して最後までおいしく食べてもらうのが、そば店の心配りとされた。見た目にもきれいなことからか「きれい」ともいう。

●きん——「さくら」と反対の意味の通し言葉で、そばの量を多く盛って出すこと。常連客や上得意のお客が来ると、「台はきんで願います」といってサービスする。こう通せば、調理場のほうでも特別のお客が来店したことがわかる。台は「そば台」、「うどん台」というように、出物の本体を指す。

●おか——岡に上がっているという意味から、種ものの種をそばやうどんの上にのせないで、別の器に盛って出すこと。「おかで天ぷら」と通されると、天ぷらは独立した注文品として別盛りされる。

●おかわり——1人のお客で2杯の注文の場合に使う。「おかわりつきも り2枚」などと通す。つけ汁の徳利は2本となる。

●お声がかり——酒の注文は「お燗つき」とか「お酒」と通すが、そばを出すのは飲み終わってお客の声がかかってから、という意味。

❶出物が3種類以上の場合

この場合は、「まくで……」と続け、一緒のお客だから同時に出してほしいという意味を持つ。たとえば「おかめがかって7杯天ぷら、まくで、うどんとそばかも4杯」は、おかめそば4杯、天ぷらそば3杯、うどんとそばの鴨南蛮各2杯の合計11杯の注文となる。また、一緒に通しても2組のお客からの注文であれば、「うどんかも2杯は離れです」と言って、仕事場の都合で別に出してもよいことを知らせる。なお、全部がうどんの場合は、「総うどんで……」と言って最後まで通すようにする。

そばの章　歴史・文化篇

27 小麦粉で作る「沖縄そば」とは？

「沖縄そば」と呼ばれているが、この麺にはそば粉はまったく入っていない。小麦粉100%の麺である。また、沖縄そばとは、50年ほど前から標準語に統一された呼び方で、沖縄では「うちなあすば」という。それ以前は「シナすば」と呼ばれていたという。

「そば」というのにそば粉が入っていないのは、亜熱帯に属する沖縄では、冷涼な気候を好むソバの栽培に適さなかったからだ。しかも、この土地の風土は小麦の栽培にも適さない。古くから栽培は試みられてきたものの、収穫量はほんの微々たるものだったらしい。したがって、沖縄には明治に入るまで、独自の麺の歴史というものがなかった。少なくとも文献資料には、郷土麺はまったく登場しない。しかし、江戸時代に薩摩藩が砂糖との交換品としてそうめんを盛んに持ち込んだため、❶麺の習慣がわずかながら根付いてきたとされる。が、王朝料理(当時は琉球王国)のメニューに登場するのを別にすれば、結納などの縁起ものとして食べられるくらいで、とても日常食といえるものではなかったらしい。

沖縄そば

現在の沖縄そばが食べられるようになったのは、明治時代の中頃という説が有力。藩境撤廃によって小麦粉が自由に流入するようになったことと、王朝時代からの中国との交流の中で知られていた中国風麺作りの技術などの条件が合致して、うどんともラーメンとも違う独特の麺を作り出したと考えられている。

麺作りの特徴は、粉をこねる時に灰汁《あく》を加えることと、茹で上がった麺を茹で置きする際、水洗いせずに綿実油などの植物油をぬって風味を付けると同時に、麺同士がくっつくのと腐敗を防ぐことにある。このため、かつてはガジュマル(沖縄で一般的な常緑樹)の灰集めがそば店の重要な日課だったが、現在では木灰はほとんど入手できないため、ラーメン用のかん水と塩を使っている。一時、長崎あたりでも見られる「唐灰汁」が使われたこともあるという。また、油もサラダ油が一般的になっている。

汁❷は、豚の三枚肉を茹でた茹で汁にカツオだしを合わせたもので、さっぱりとした薄味。豚三枚肉は甘く煮て薄切りにし、具とする。これに、細ネギ、紅ショウガというのが、沖縄そばの基本形。豚の骨付きばら肉を具とする「ソーキそば」は、戦後になって編み出された別のそばである。

主な参考資料・『うどん店の経営』

❶沖縄での麺食
小麦粉などがなかったため、江戸時代まではそうめんは貴重品で、ハレの日の食べものの性格が強かったようだ。とくに結納の儀式では、そうめんの形状からたとえて「白髪が生えるまで長く」と縁起を祝ったという。そのせいか、一般に沖縄の人々はそうめん好きといわれる。

❷汁
豚骨を煮込んでとる汁をベースにする方法もある。この場合は豚の三枚肉は、沖縄の正月料理に欠かせないとされる塩漬けのブロックを塩出しして味付けする。

28 世界の国々のソバの食べ方とは?

そばの章 歴史・文化篇

ソバは古くから世界各国で栽培されており、そば料理もさまざまだ。大別すると粒食と粉食とに分けられるが、日本のように麺にする国は少なく、中国や朝鮮半島、ヒマラヤ山麓のブータン、ネパール、それにイタリアくらいしかない。朝鮮半島のそば麺(いわゆる冷麺《れいめん》)は、そば粉にジャガイモや緑豆のでんぷんを混ぜて作るコシの強い麺で、ところてんのような押し出し方式が主流。中国、ブータンでも同様である。

ヨーロッパにおいてもソバは伝統食材の一つである。今日も利用されている国としては、スロベニア、クロアチア、ポーランド、チェコといった東欧諸国やイタリア、フランスなどが挙げられ、それぞれの国に多彩なそば料理がある。

これら東欧諸国やロシアなどで一般的なのが「カーシャ」と呼ばれるそば米を使った料理である。カーシャとはソバのむき実、または挽き割りソバのことで、日本では「そば粥」と紹介されることも多いが、必ずしも粥状の料理ではない。たとえばスロベニアでは、カーシャに卵、チーズ、サ

ロシアの塩味の粥状の料理「カーシャ」。サワークリーム(右奥)を混ぜてもよい。

ワークリームなどを混ぜてオーブンで焼いたり、腸詰にしたりする。この腸詰はネパールを中心としたヒマラヤ諸国やドイツでも散見されるという。ポーランドでもそば米料理が一般的で、マトンを使った料理や、そば米を詰めた子豚肉料理などがある。ロシアでも挽き割りにしたカーシャを食べる粒食が主流で、塩味だけの粥状にしたり、バターやミルクを入れて煮たり、オーブンで焼いたりと、さまざまな食べ方がある。

イタリアでは粒食はほとんどなく粉食が中心。主に北部で食べられており、代表的なそば粉料理が「ピッツォッケリ」と呼ばれるパスタである。そば粉に小麦粉を加えて練り短冊状に切った麺で、日本のきしめんに似ているが長さはおおむね数cmと短い。細長い麺やマカロニのように加工したものもある。キャベツなどの野菜と一緒に塩茹でし、バターとチーズのソースで和えることが多い。また、北イタリアではトウモロコシ粉の料理「ポレンタ」をそば粉で作ることも多い。硬めのそばがきにバターを加えながら練り込み、チーズで調味する。

フランスでは北西部のブルターニュ地方でそば粉がよく利用されているが、近年、クレープやガレットは日本でも知られるようになっている。また、ソバのビールもある。

主な参考資料・『改訂そば打ち教本』

ピョンヤン冷麺の一例。コシがあるためハサミで切って食べる(右)。そば粉だけで作る麺は切れやすいので、押し出し式製麺機で作る(左)。

29 江戸時代からある品書きとは？

そばの章　品書き篇

もともとそば切りは汁につけて食べるのが始まりで、江戸時代初期のそば屋には、現在の「もりそば」１種類しかなかった。この食べ方をもっと手軽にしたのが「冷やかけ」であり、冬の寒い季節には温めた汁をかけて「ぶっかけ」と称して供していた。この「ぶっかけ」が「かけ」と省略して呼ばれるようになるのは寛政(*1789〜1801*)頃からのことになるが、「もり」と「かけ」は、そばの品書きの源流ともいえる。

このぶっかけにいろいろな具をのせたものが加薬そば、つまり種もので、そばの品書きの基本はほぼ、江戸時代に確立している。ちなみに、❶『守貞謾稿』には幕末頃のそば屋の品書きが次のように記されている。

御膳　大蒸籠	代四十八文
一そば	代　十六文
一あんかけうどん	代　十六文
一あられ❷	代二十四文
一天ぷら	代三十二文

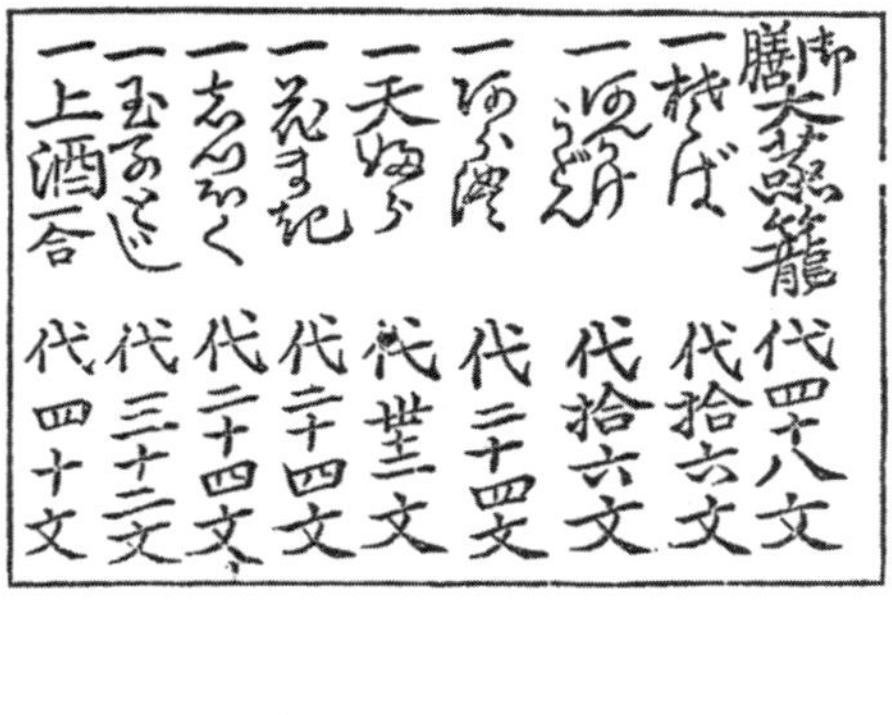

喜田川守貞著『守貞謾稿』に書かれたそば屋の品書き。

一花まき　代二十四文
一しっぽく　代二十四文
一玉子とじ　代三十二文
一上酒一合　代　四十文

また、右の品書きにはないが、本文中では「鴨南蛮」と「親子南蛮」についても解説している。なお、天保12年(*1841*)序の江戸見聞記である『江戸見草』には、「変わりそば」のほか、「かしはなんばん」、「おやこそば」の記述がある。また「おかめ」も幕末頃に考案された種ものである。

これらの品書きの中で、現在ではほとんど見られなくなってしまったものは「しっぽく」である。江戸時代の開港場・長崎には、中国から伝来した総菜料理が日本風にアレンジされた卓袱《しっぽく》料理があった。その料理の中に、大盤に盛ったうどんの上にさまざまな具をのせたものがあり、これを江戸のそば屋がまねて大平椀に盛り「しっぽくそば」と称して売り出した。寛延(*1748〜51*)の頃といわれ、大いにもてはやされたようだが、幕末におかめが出現すると人気が取って替わられ、次第に衰退してしまった。

なお、しっぽくは大坂・京都のうどん屋にもある品書きだったが、関西や香川県などでは今日も受け継がれている。

主な参考資料・『蕎麦の世界』(新島繁「そばの品書き」)

---

❶『守貞謾稿』
喜田川守貞が著した幕末頃の風俗の記録。嘉永6年(1853)に完成したが、本になったのは明治になってからで、『近世風俗志』と仮題されている。

❷あられ
小柱(バカガイの貝柱)をかけそばの上に散らした種もの。

そばの章　品書き篇

30 「もりそば」と「ざるそば」の違いとは？

初期のそば切りは汁につけて食べるものだったが、元禄（1688〜1704）の頃からか、これを面倒臭がる男たちがいちいち汁につけずにそばに汁をかけて食べるようになった。この安直な食べ方を「ぶっかけそば」と称して最初に売り出したとされるのは、江戸は新材木町（現在の中央区堀留）にあった「信濃屋」だと、寛延4年（1751）刊『蕎麦全書』❶には書かれている。人足たちが立ったまま食べられるように冷やかけにして出したとされるが、詳細な年代は不明。

その後、寒い季節になるとそばを温め、熱い汁をかけて出すようになった。これなら器も一つですむと重宝がられ、やがて広く売り出されるようになったという。

このぶっかけそばが「ぶっかけ」になり、さらに「かけ」と略称されるようになるのは、寛政（1789〜1801）に入ってからのこと。

ところで、ぶっかけが流行るにつれて、それまでの汁につけて食べるそばを区別して呼ぶ必要が出てきた。そこで生まれた呼び名が「もり」である。安永2年(*1773*)刊の『俳流器《うつわ》の水』初編に「お二かいハぶつかけ二ツもり一ツ」の句が見えるので、すでにこの時代には一般に使われていたようだ。「蒸籠に盛る蕎麦を盛りといひ、盛蕎麦の下略なり」と『守貞謾稿』❷にあるが、「高く盛りあげるからもり」ともいわれる。

一方、ざるそばの元祖とされるのは、江戸中期、深川洲崎にあった「伊勢屋」❸で、蒸籠や皿ではなく竹ザルに盛って出すので「ざる」と名乗ったのが始まりといわれる。江戸時代のざるは、四角い平らなザルや丸型のザルに盛って出されていたと文献にある。

もりにもみ海苔をかけ、蒸籠も替えて「ざるそば」❹として売り出したのは、明治以後のことである。もりとは明確に区別するため、汁もぐんとコクの深いざる汁を用いるのが決まりだった。ざる汁とは、ふつうのかえしに、さらにミリンを混ぜた御膳がえしを加えた辛汁のことである。しかし近年では、一部の老舗などを別としてざる汁を別に作る店は非常に少なくなっており、一般には、もりそばとざるそばの違いはもみ海苔の有無だけになってしまっているようだ。

また、海苔かけ、海苔なしということではなく、そば自体の品質の違いや器で区別している店もある。

主な参考資料・『蕎麦の世界』(新島繁「そばの品書き」)、『蕎麦史考』

---

❶『蕎麦全書』
本書は三巻一冊。半紙判、袋とじ、総枚数六十丁(二丁二面)。江戸の住人、日新舎友蕎子が、寛延4年に脱稿した。元禄10年刊の『本朝食鑑』を下敷きにしてはいるが、その記述は当時の府内のそば屋の状況をよく伝えており、著者が自らそばを打つだけに、そばに関する意見や考え方も的を射ており、現在でも学ぶべき点が少なくない。

❷『守貞謾稿』
67頁の脚注❶参照。

❸伊勢屋
深川洲崎弁天前にあり、小型のザルを用いて評判になった。享保20年(1735)刊『続江戸砂子』には、名物蕎麦の一つとして紹介されている。寛政3年に廃業。

❹ざるそばは種もの
ざるそばは明治になって、種ものの花巻きにヒントを得て考え出されたもの、という捉え方もある。

31 もりそばを「せいろ」ともいうのはなぜか？

そばの章 品書き篇

「せいろ」は「蒸籠」のことで、元来は釜の上にはめて、饅頭や団子、こわ飯などを蒸すための器であるが、江戸時代初期（延宝［1673～81］から元禄［1688～1704］頃まで）、そば切りを茹でずにこの蒸籠で蒸してから供する「蒸しそば切り」が流行った。当時はまだ、つなぎの小麦粉の入らない生粉《きこ》打ちであったため、茹でると切れやすかった。それで考案されたのではないか、という説や、室町時代から行われていた甑《こしき》❶で蒸す蒸麦《むしむぎ》❷にならったとする説、また、当時はそばやうどんは菓子屋で作っていたので蒸すという製法が編み出された、とする説もある。初期のけんどんそば（慳貪蕎麦）も蒸しそば方式の一つだが、❸けんどん屋では蒸籠のまま出さずに、平椀に移し替えてから供した。

現在、もりそば、ざるそばを蒸籠に盛り付けているのは、この時代の蒸しそば切りの名残だが、『守貞謾稿』にすでに、「江戸は二八の蕎麦にも皿を用ひず、外面朱塗内黒なり、底横木二本ありて竹簀を敷き、その上に蕎麦を盛る。これを盛りといひ、盛蕎麦の下略なり」と書かれている。幕末

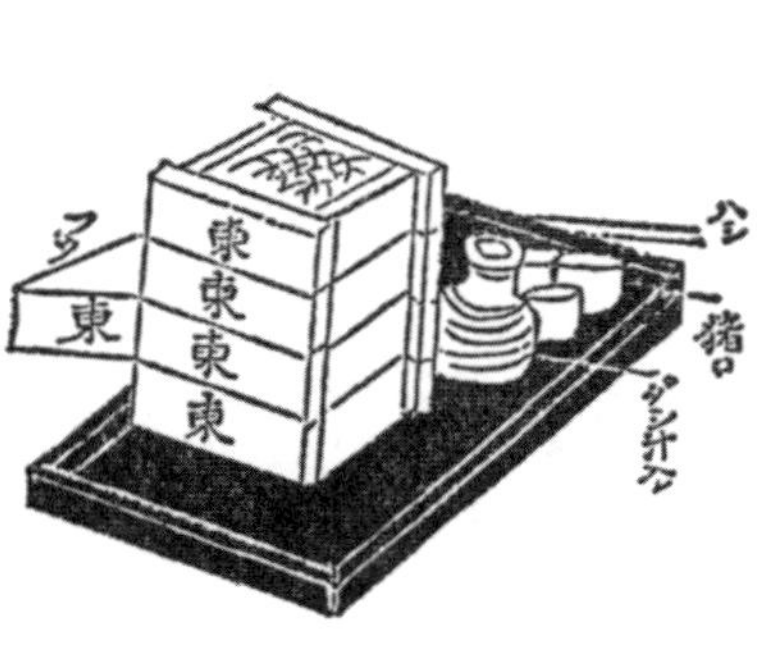

盛り道具そのほか（『守貞謾稿』より）

❶甑
もともとは米や豆を蒸すのに使われた深鉢型の土器。湯気を通すための小穴が底に開けられていて、湯釜の上

頃の品書きを見ると、「もり」のほかに「せいろう」の名もあるから、蒸籠に盛ることからの「せいろ」という、食器による名目そばであることは間違いない。

また、天保年間（1830〜44）、そば屋が団結して値上げを願い出たが、二八（16文）は昔からの通り値段だから値上げは許可できない代わり、蒸籠を上げ底にすることは許すという裁定で、今日の上げ簀になったという。この時、実際にはそばの量目が減少したものの、見た目には山盛り姿の蒸籠のことを新たに「盛り蒸籠」と呼んだ。この呼称が詰まって「せいろ」という呼び方が生まれたともいわれる。なお、「蒸籠」は正しくは「せいろう」と読む。

江戸から明治初期にかけての蒸籠は、耳の出た五合枡に竹の簀の子をはめ込んだ感じの形だったが、明治の末頃から長方形に変形し、さらに面積の大小によって7種類にも及んだ。❹ざる蒸籠とも呼ばれている丸蒸籠が出始めたのは、明治10年（1877）頃からのこと。丸型は曲物であるため、木地は木曽が主産地になった。丸蒸籠が一般に普及したのは戦後のことで、戦前までは角蒸籠が主流だった。また、竹の簀の子のはめ込み式に代わって置き簀式が一般化したのは、昭和26年（1951）頃からという。

主な参考資料・『蕎麦の世界』（鈴木啓之「そば道具」）、『麺類百科事典』

にのせて用いる。奈良時代頃からは木製のものが使われるようになった。

❷蒸麦
そうめんを蒸して食べる食べ方。室町時代には普及していたようだが、そのまま蒸すのか、茹でたものを蒸すのか、詳細は不明。

❸けんどん屋
江戸時代初期から現れた飲食店の一形態。1杯盛り切りの麺類や飯などを売った。

❹ざる蒸籠
蒸籠は「もり蒸籠」と「ざる蒸籠」とに大別される。もり蒸籠は長方形で21㎝×15㎝（7寸×5寸）と20・4㎝×14・4㎝（6寸8分×4寸8分）の2種類があり、前者を「七・五（しちご）」、後者を「六・八（ろくはち）」と呼んだ。ざる蒸籠には角と丸があり、角は19・5㎝（6寸5分）四方の正方形、丸は直径21㎝（7寸）が標準。このほか、御膳蒸籠と呼ばれる7寸5分角の大蒸籠や天蒸籠などがある。

そばの章　品書き篇

32 「熱盛り」とは？

❶「熱盛《あつも》り」とはその名の通り、温めたそばのこと。通常のそばを熱い湯に通してから出すことから「湯通《ゆどお》し」ともいう。江戸時代からある品書きで、寒い冬場などにとくに好まれた。ただ、現在では熱盛りという名前すらほとんど忘れられてしまったようで、季節の品書きとして出す店もあまり見られない。

秋から冬にかけては、香り高い新そばが出回り、おいしいそばの季節になる。一般に、そばは水洗いした冷たい状態の「もりそば」で食べるのが醍醐味とされるが、冷えてくる季節には、この熱盛りもまたオツなもの、と親しまれた。明治の半ば、東京・駒込団子坂（文京区千駄木）で菊人形見物が盛んだった頃には、坂を少し上ったところにあった「蔦屋《つたや》」（団子坂の藪）が、その時期（秋）に合わせて茶そばの熱盛りを出して好評を博したという。

そば店の符牒《ふちょう》では、ふつうのもりそばを「寒《かん》」といい、これに対して熱盛りは「土用《どよう》」と呼んだ。もりそばは冷たい水で締めることから寒の字

熱盛り

を当てたもの。熱盛りは熱い湯をかけるゆえ、寒の対語として、暑さが厳しくなる夏の土用になぞらえたものである。冬が時季なのに土用と呼ぶのもおもしろい。

作り方としては特別なものではない。つゆは通常のもりつゆを用い、徳利に入れて湯煎しておく。茹で上がったそばを水で洗って締め、沸騰した湯にさっとくぐらせて熱くしてから、蓋付きの蒸籠に盛り、蓋をする。手間はこれだけである。もりそばと同様につゆにつけて食べるが、つゆの中に生卵やとろろを落とし込む場合もある。味を補うということばかりでなく、栄養の面から見てもバランスのとれた食べ方といえる。

ところで、そばを温めて食べるという食べ方は、実は古くからあった。寛永20年(*1643*)刊の『料理物語』❷のそば切りの作り方を見ると、茹でてぬるま湯で洗ったそばに熱湯をかけ、蓋をして冷めないようにして出すとよい、と書かれている。ただし、これは当時の通常のそばの出し方であり、別に冷たいそばがあったわけではない。

江戸で熱盛りが流行したのは文化年間(*1804*〜*18*)あたりからで、同14年刊の滑稽本『大千世界楽屋探し』に、「温い蕎麦よ、ヲヽ温盛ぢやナ。コリヤ能はい」とある。

主な参考資料・『麺類百科事典』、『そば事典』、『料理物語』

---

❶うどんの熱盛り
明治時代に出された「浪花市中はんじょう家、玉ずくし」という大阪市内の商店の一覧表に「うん六」という屋号が見える。幕末から明治にかけて大阪の北の新地にあった店で、堺にも同じ屋号の店があった。この「うん六」の看板商品がうどんの熱盛り。太打ちうどんの湯通しで、この店の影響で当時は多くの大阪のうどん店で扱うようになった。そこで、「うん六」といえばいつしか、うどんの熱盛りのことを指すようになったといわれる。

❷『料理物語』
105頁の脚注❸参照。

そばの章　品書き篇

33 「花巻き」の由来は？

「花巻き」というのは、もみ海苔を散らしたかけそばの雅称で、言葉の由来は、浅草海苔のことを「磯の花」にたとえたことからきている。この花巻きそばが考案・商品化されたのは江戸で、安永年間(1772～81)の頃とされる。安永4年序の旭堂開明著『そば手引草』は、「而して浅草海苔を焼きてかけしむるなり。誠に温にして、又甘味いふ斗《ばか》りなし〔俗、花まきと称するなり〕」と述べている。また、江戸末期の❶『守貞謾稿』には、「浅草海苔をあぶりて揉み加ふ」と記される。

上等の浅草海苔を散らしたものは、❷海苔の磯の香りが高く、しかもそばの淡い風味と絶妙に融け合う。また、上等の焼き海苔は汁に渾然一体となって溶け込んで、何ともいえない味になる。そして、海苔自体も目が詰まって黒光りし、まさに磯の花の優美な趣がある。この香り、味、そして見た目の美しさの組み合わせの妙味が花巻きの魅力であり、明治以後もなおしばらく、粋な種ものの一つとしてもてはやされたという。

しかし、大変淡泊な風味を味わうものだけに、最近では注文が少なくなっ

花巻き

てしまった種ものでもある。これは、焼き海苔の値段が高くなりすぎて、厚みの薄い極上ものがなかなか使えなくなったことも一因。「ざる」や「玉子とじ」に使う焼き海苔ではやや硬すぎるきらいがあり、香りも満足とはいえない。なお、花巻きは本来、かけ汁をかけたそばにもみ海苔をかけてから、かけ蓋をのせて供すのが定法。閉じ込められた湯気が海苔の香りを引き出し、その香りがそば、汁と馴染んだ頃合いを見はからって蓋を取るのが醍醐味なので、提供するタイミングにも気を遣わなければならない。

文政8年(*1825*)刊の『今様職人尽歌合』下巻に、

夜ざくらをみにくる人に売らんとて
花まき蕎麦のにほふゆふぐれ

という狂歌があるが、江戸の人々がこの種ものの香りをいかに珍重したかが想像されよう。その香りを楽しむ趣向なので、薬味はおろしワサビのみというのが決まりで、ネギは付けない。

江戸川柳に、

花巻さんは二十四でおつすわな

というのもあるが、これは遊女の源氏名と年齢とに花巻きの代24文をかけて詠んだもので、粋なそばであったことがうかがわれる。

主な参考資料・『そば事典』、『蕎麦の世界』（新島繁「そばの品書き」）、『そばの基本技術』

---

❶『守貞謾稿』
67頁の脚注❶参照。

❷**海苔**
やわらかさのある溶けやすい海苔は、アサクサノリ系の品種や、河口付近で養殖された海苔、12月〜1月にかけての寒中に摘取された若芽摘みの新海苔などから得られる。そのため、花巻は2月の季節のそばとして出されることもある。

34 「おかめ」の由来は？

そばの章　品書き篇

「おかめ」は幕末の頃、江戸・下谷七軒町（東京都台東区根津）にあったそば屋「太田庵」が考案した種ものである。太田庵は、このおかめが大当たりして後、屋号も「おかめ太田庵」としている。

名前の由来は、そのものズバリ、具の並べ方がおかめ（阿亀）の面を連想させるからである。

❶具の並べ方は、まず島田湯葉を蝶型に結んで丼の上部に置く。これは、娘の髪をかたどるとする説と、両眼に見立てるという説とがある。鼻は、マツタケの薄切りか、なければ三ツ葉を真ん中に置いてなぞらえる。そして、かまぼこを2枚向かい合わせて並べて、ふくらんだ両頬をこしらえる。おかめの顔であるから、かまぼこは下に向かって開くように置いて、下ぶくれの形になるようにする。また、顔に元気がないと愛嬌が出ないということから、鼻に見立てるマツタケの薄切りは、傘の部分を上にして置くのがよいともされる。

これら3～4種類の具を基本とし、玉子焼きやシイタケ、青味を下に置

おかめそばの一例。具をおかめの顔に見立てて上置きする。

いて口をこしらえたり、玉子焼きを三角形に切って襟元に見立てたり、髪飾りとしてシイタケや青味を添える、などいろいろなやり方があるようだが、上に結んだ島田湯葉を置くのは江戸風の定法。戦前までは、黒髪を強調するために湯葉の下に八つ切りの海苔を敷いたり、紅渦巻きのなると二切れをかまぼこの代わりに置いて若い娘の愛らしい頬を表す、といった手の込んだ演出も見られたものという。また、蓋付きの丼に盛り付け、蓋を取った時にユーモラスなおかめの顔が出てくるという趣向が、いかにも江戸っ子のしゃれっ気を感じさせる種ものでもある。しかし近年は、これらの具が無雑作に置かれるだけで、本来の意味を失っている傾向が強い。

マツタケを用いることから、当初は11月のマツタケの季節のみ売られる種ものだったが、後に塩漬けのマツタケが用いられ、年中通して供されるようになった。マツタケの塩漬けは、戦前までは東京でも容易に入手することができたという。しかし、おかめは「お多福」とも呼ばれるように福の神で縁起がよいため、かつて11月の酉の市とも関わりの深い種ものであった。いずれにしろ、おかめは具の多彩さと趣向のおもしろさとでたちまち人気を呼び、それまで人気の種ものだった「しっぽく」の影が薄くなってしまったと伝えられる。

主な参考資料・『蕎麦の世界』(新島繁「そばの品書き」)、『そば事典』

おかめそばの元祖、下谷七軒町にあった「おかめ太田庵」の看板。

❶具の並べ方
関西風では髪はシイタケでかたどり、そのすぐ下に小田原かまぼこを配して両眼に見立て、鼻は三ツ葉、口は京湯葉でこしらえる。

そばの章 品書き篇

35 「きつね」と「たぬき」の違いとは？

「きつね」は油揚げを薄甘く煮て種とするもので、「たぬき」と並んでもっとも大衆的な種[1]ものである。

いま一般にきつねというと、大阪名物の「きつねうどん」を連想するように、うどんを台に使うことが多くなっているが、台はそばでもよいし、きしめんでも構わない。もともと油揚げを種に使うそばは、文献的には大坂よりも江戸のほうが古いようで、文化3年(*1806*)刊、式亭三馬が江戸深川の遊里を描写した洒落本『船頭深話』に、「一説に曰く、菱屋のそばは、葱に油揚などを、あしらひたるなんばんの仕出しをして」というくだりがある。また、文化11年刊の三笑亭可楽作『身振噺姿八景』には、夜鷹《よたか》が夜そば売りに向って、「ヲヽ、今夜ァめっそう寒《さぶ》い晩だ。丁字屋さん、信《しの》田《だ》ァあるか。そいつァ奇妙(珍しいことの意)だ。熱くして一ツおくれ」という場面がある。信田というのは油揚げを具に使うそばのことで、現在も使われているきつねの異称だが、上方からの移入とする説もある。いずれにしろ、当時のきつねが薄甘く煮た油揚げを使っていたかどうかは不明な

きつねうどん

ものの、油揚げを使う種ものがあったことはたしかなようだ。

ただし、そばを台に油揚げを種にしたものをきつねと呼ぶのは江戸・東京のことで、きつねうどんが君臨する大阪では、きつねそばのことを「たぬき」と称し、京都ではきつねうどんのあんかけを「たぬき」と呼んだ。また、きつねそば、きつねうどんを「稲荷そば」、「稲荷うどん」と呼ぶ地方もある。

一方、東京でいう「たぬきそば」は、天ぷらの揚げ玉❷を散らしたかけそばである。たぬきの名の由来は、その色合いやこってりとした味からイメージされた、とする説や、揚げ玉とネギ以外に種らしいものが入っていないことから「たねぬき」となり、それがさらに転じてたぬきになったとする説などがある。また、関西ではたぬきと言わずに「はいから」とか「揚げ玉そば」と呼んでいるところもあり、地方によっては「たのき」ともいう。たぬきは化ける、から連想した「お化けそば」という呼び名も見られる。

揚げ玉は「てんかす」あるいは「揚げだまり」ともいうが、第2次世界大戦の時代には、時局を反映して「バクダン」とも呼ばれた。かけそばやかけうどんに入れると、つゆの中でパーッと散り広がることをしゃれた名称とされる。

主な参考資料・『蕎麦の世界』（新島繁「そばの品書き」）、『そば事典』

---

❶種もの
そばやうどんを台に具をあしらったもの。天ぷらそば、玉子とじなど。

❷揚げ玉
一般には、揚げ玉は天ぷらを揚げた時にできたものを用いる。小エビのかき揚げを揚げた時にできる揚げ玉を用いると、ほのかにエビの香りがして好ましい。揚げたてに近いもののほうがよいのは、いうまでもない。

36 鴨南蛮の「南蛮」の意味とは？

そばの章 品書き篇

喜多村筠庭《いんてい》著『嬉遊笑覧』（文政13年［*1830*］序）に「又葱を入るゝを南蛮と云ひ、鴨を加へてかもなんばんと呼ぶ、昔より異風なるものを南蛮と云ふによれり」とあるように、江戸時代にネギのことを「南蛮」❶と呼び、それがそば店では現在にまで受け継がれている。

古代、中国では中華（文化の中心地）の周りの地域はすべて野蛮であるとする考え方があり、このうち南蛮とは、インドシナをはじめとする南海諸国のことを指した。おそらくその影響で、日本でも室町時代末期から江戸時代にかけて、タイ、ルソン、ジャワなどの南洋の国々のことを南蛮と呼ぶようになり、その地を経由して来る人までも南蛮と呼んだ。すなわち南蛮人である。江戸時代には、オランダ人だけは紅毛人《こうもうじん》と区別し、ポルトガル人、イスパニア（スペイン）人は南蛮人と呼んだ。それがなぜネギの呼称になったかは明らかではないが、南蛮の地を経由して渡来した人々がよく食べたことから、南蛮はネギを好む、転じてネギを入れた料理をも指すようになったらしい。

鴨南蛮

そばの種ものとしての「鴨南蛮」を最初に始めたのは、文化年間（*1804*〜*18*）、江戸の馬喰町橋詰にあった「笹屋」で、『嬉遊笑覧』に記されているほか、文化8年刊の式亭三馬の滑稽本『四十八癖』初編にも「鴨南蛮の二つも喰《くら》つて」という描写が見える。さらに下って嘉永1年（*1848*）刊の『江戸名物酒飯手引草』には、「馬喰町一丁目角 鴨 南《あなご》ばん伊勢屋藤七」という記述があるが、この「伊勢屋」と「笹屋」とのつながりは不明である。幕末の『守貞謾稿』❷は鴨南蛮について「鴨肉と葱を加ふ。冬を専とす」と解説し、「又、親子南蛮と云は、鴨肉を加へし鶏卵とじ也。蓋、鴨肉といへども、多くは雁などを用ふるものなり」と記す。値段についての記述はないが、ほぼ同時代の天保12年（*1841*）の『江戸見草』には、鴨南蛮のほかに、かしわ南蛮、親子そばの記載もあり、値段はいずれも48文としている。かしわ南蛮は「鳥南蛮」のことである。

ちなみに大阪では、『俚言集覧《りげんしゅうらん》』❸に「なんば　大坂にてねぎのこと」とあるように、ネギのことを「なんばん」ではなく「なんば」と呼んだ。「なんばん」が訛《なま》ったものとする説や、江戸時代に大阪・難波がネギの産地であったことからの呼称とする説などがある。現在でも大阪では、「なんば」と呼ぶ習慣が残っている。

主な参考資料・『蕎麦の世界』（新島繁「そばの品書き」）、『そば事典』

---

❶南蛮
ネギのほかにトウガラシやカボチャなどを指す場合もある。これらの野菜も異国から渡来したことに由来するが、トウガラシは南蛮人が辛いものを好んだことからそう呼ばれるようになった、とする説もある。

❷『守貞謾稿』
67頁の脚注❶参照。

❸『俚言集覧』
31頁の脚注❶参照。

そばの章

品書き篇

37 「変わりそば」、「色物」、「変わり麺」とは？

❶「変わりそば」とは、色の白いそば粉（本来は「さらしなそば」に使うさらしな粉、または一番粉）にいろいろなつなぎ、❷混ぜ物をして仕立てたそばをいう。中でも、とくに色が鮮やかに出て、見ても楽しめるものを「色《いろ》物《もの》」といって区別する。

変わりそばが登場するのは、江戸時代中期。文献上では、寛延2年（1749）刊『料理山海郷』巻四にある「玉子蕎麦切（らんきり）」が最初のようである。天明7年（1787）には「百合切り」と「紅切り」が作られ、「海老切り」が文献に出てくるのは寛政12年（1800）。その後、さまざまな工夫が凝らされ、柚子切り、茶そば、胡麻切りなど伝統的なものだけでも50種類を上回る。

このような変わりそばが生み出された背景には、寛延（1748～51）の頃の製粉と製麺技術の完成がある。とくに色物は、混ぜ物の色が鮮明である必要があるばかりでなく、その色を生かす土台となるそば粉の色が白くなくてはならない。さらしな粉が精製されるようになって初めて「色物そば」

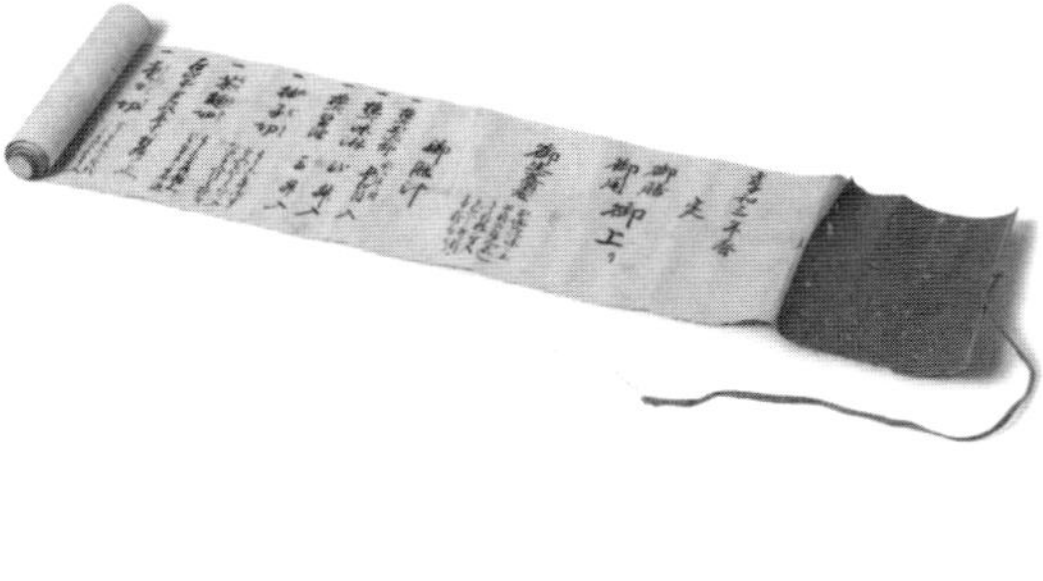

「小堀屋本店」（千葉県佐原市）所蔵の秘伝書の一部

が可能になったわけだが、さらしな粉に代表されるような白いそば粉には、並そば粉のようなつながる力がほとんどない。卵黄やヨモギの葉など、強力なつなぐ力と鮮やかな色とを兼ね備えている混ぜ物以外の場合、ふつうの方法では麺線としてつながらないのである。そこで、「湯ごね」といった特別な技術が必要になる。つまり、技術が最高度に発達した結果、さらに技を競い合うそば職人の見栄と、ふつうのそばでは飽き足りなくなった通人たちのあそび心とが合致して作られたのが、色物に代表される本来の変わりそばということができよう。

これに対し、「くず切り」や「あわ切り」といった、そば粉以外の原料で作る「変わり麺」❸はもっと以前からあり、延宝2年（1674）刊『江戸料理集』では6種類が紹介されている。

色物の変わりそばの組み合わせの代表的なものは、三色そば、五色そば、それに祝儀の紅白そばなどである。雛そばなどの三色そばは、菱餅の色に合わせて白、赤、緑が、五色そばの場合は、さらに黒と黄を加えるのが古式とされる。なお、五色の〈白〉は「さらしなそば」、〈赤〉は「海老切り」、〈緑〉は「茶そば」、〈黒〉は「ごま切り」、〈黄〉は「卵切り」というのが一般的である。

主な参考資料・『蕎麦の世界』（藤村和夫「変わりそば」）

---

❶変わりそば
変わりそばは、必ずしもさらしな粉でなければならないわけではなく、並み粉でもよい。その場合、色を出すためには混ぜ物の量を少し増やすようにする。

❷混ぜ物
つなぎの小麦粉の代用として、ヤマゴボウ（オヤマボクチ）の葉などを使ったそばも「変わりそば」の範疇に入るが、こうした自然発生的なものは郷土そばによく見られる。100頁の項目**46**参照。

❸変わり麺
「小堀屋本店」（千葉県佐原市）所蔵の秘伝書（享和3年［1803］）には、57種の変わりそばと変わり麺が記録されている。そのうち、そば粉、小麦粉以外の粉を使うものは、「片栗麺」、「香切り」、「大唐切り」、「米切り」、「栗切り」、「ひえ切り」、「きび切り」など、全体の3分の1近くを占めている。

そばの章　品書き篇

38 「そばずし」はいつ頃からあるのか？

そばとすしは、ともに江戸食を代表する食べものである。しかし、その江戸っ子好みのそばとすしとを巧みに組み合わせた「そばずし」の始まりについては、いまだに確証がない。江戸時代の料理書には、そばずしに触れた記述が見当たらないからである。

そばずしについての初見は、幕末頃（嘉永［*1848〜54*］から明治初年にかけての時代）に稲荷堀《とうかぼり》（現・日本橋小網町3丁目と蠣殻町1丁目の間）にあったすし屋「松露《しょうろ》寿し」の開店報条である。「告条」として開店披露の口上を述べた後に、連板《れんいた》の図案の中に「そば寿し　御好次第」と書かれている。が、記述がそれだけなので、その時代のそばずしがどのようなものだったのかについてはわからない。ただ、「御好次第《おこのみしだい》」とあるからには、いくつかの種類があったであろうと想像される。

ちなみに、❶報条というのは「引札《ひきふだ》」ともいい、開店や売り出しの披露や商品の広告などを書いて配ったチラシで、江戸時代後期には、そば屋の開店報条を有名な戯作者が書いている例もよく見られる。また、連板とは、

そばずしの代表的な一品、海苔巻。

品書きと値段を書いて、店の中の壁に一列に吊るしておく札板のことで、白木と塗り物とがある。

同じく江戸時代のそばずしの記録としては、幕末の剣客・伊庭八郎の筆録『万事覚留帳』(元治1年[*1864*])の「五月三日親類の忠内次郎三よりそばずし到来」という記述がある。これによって当時、京都にそばずしがすでにあったことが立証されているが、こちらもそれだけの記述なので、その中身は不明である。

明治に入っても、そばずしに関する確固とした文献は見つかっていない。わずかに、明治の中期頃に上野のそば店が寛永寺に納めたという話や、同じ頃、根岸(現・台東区根岸)のそば店が売っていたという話が伝えられるだけである。また、明治の末頃になっても、40年(*1907*)頃に旧芝区日陰町(現・港区新橋)の「藪蕎麦」が、だて巻10個、鉄砲巻(海苔巻)5個を深い錦手の器に盛り付けて、もりそば3銭のところ50銭で売っていたらしいという話や、同じ頃か、築地でマグロをのせたそばずしが売られていたという話が語り継がれているにすぎない。一般に普及するようになったのは昭和の初め、東京・浅草のそば店が日本橋の三越本店でだて巻、稲荷の鉄砲巻[2]を売り出して以降のことである。

主な参考資料・『蕎麦入門』、『蕎麦の世界』(新島繁「そばの品書き」)

---

❶そば屋の報条
一流の戯作者が書いているだけに、口上にはそれぞれ趣向を凝らしており、名文が多い。その内容は開店披露や新商品についてのものが多いが、文章だけでなく、しゃれた絵が添えられている粋な報条も少なくなかった。現在知られている中で、有名なものは次の通りである。
- 山東京伝——神田通新石町「富士屋」、本町二丁目「松桂庵」、今戸橋「亀屋」
- 本膳亭坪平——「松桂庵」2種、日本橋通一丁目「東橋庵」
- 式亭三馬——芝増上寺門前「風詠庵」
- 曲亭馬琴——元飯田町「東玉庵」
- 河竹黙阿弥——両国柳橋「松中庵」、浅草「奥山萬盛庵」
- 梅素玄魚——池の端「蓮玉庵」

❷稲荷の鉄砲巻
かんぴょうの代わりに煮込んだ油揚げを芯にして海苔巻にしたものと思われる。「鉄砲巻」とは、鉄砲の銃身に似ているところからつけられた名称。

そばの章 品書き篇

39 「そば料理」、「そばづくし」とは？

ソバを主素材として作られた料理を「そば料理」という。そば料理についての文献としては、昭和9年(1934)刊、村井政善著『新らしき研究 栄養と蕎麦応用料理集成』が有名で、約130種類に及ぶそば料理を紹介している。「そばづくし」とは、そば料理だけでコースの献立に仕立てたものである。

そば料理は、そば切り、そば粉、ソバの実と、ソバの三つの形を材料とする。それぞれの形での持ち味、調理特性を縦横に駆使しながらソバ本来の風味を生かし、同時に、組み合わせるほかの材料との調和を大切にすることで、ソバであってソバそのものではない料理に仕立て上げることが基本である。また、季節感を巧みに盛り込むこと、コースを組む場合はとくに味の濃淡、形、盛り付けの変化を工夫することはいうまでもないが、ソバという同じ素材、しかも主食になる材料を中心とするだけに、❶量を加減することも大事なポイントになる。

そばづくしの献立は、ソバの三つの形それぞれの持ち味を生かすことを

江戸そばの伝統を生かしたそば料理の一部。写真は、そば味噌、そばずし、そばがきの揚げだし、そばの実のがんもどき。

前提とするオーソドックスなものから、懐石料理の伝統と技術を取り入れたもの、あるいは郷土の味覚をふんだんに盛り込んだものなど、さまざまな形に発展している。

その中で、奇をてらわず、食べておいしいことを主眼にして考え出されたものの代表は、江戸そばの伝統の中から生まれた献立である。あくまで、そば店ならではの料理を主体に構成することが重んじられており、基本は、そばもち(そばがき、きなこ)、そば味噌(ソバの実、鉄火味噌)、おろし和え(ソバの実、大根おろし)、お椀(すまし汁、ソバの実の寄せ物)、そばずし(そば切りのだて巻、あるいは海苔巻)、山かけ(そば切り、とろろ芋)、季節そば(天ぷら、鴨、白魚、あられ、茶そばなどから1品)、そしてもりそば、といった構成になる。

一方、「そば懐石」は、旬の味と楽しみをそばに生かすことを大切にするため、洗練された趣向と、高い料理性が求められる。コースの流れは日本料理にならい、先付、前八寸、向付、椀、焼き物、煮物、揚げ物、飯、甘味という具合に構成されることが多く、一般的には、そば料理以外の料理も組み込まれるようだ。季節感を重視するため、食器も献立に合わせたものが使われる。

主な参考資料・『そば・うどんの応用技術』、『そばうどん』12号

❶量を加減する

一般に、一人が食べるのにちょうどよい分量はもりそば2枚と見当がつけられている。

40 「釜揚げそば」とは？

そばの章　品書き篇

「釜揚げ」とは、茹でたての熱いまま、の意。そば、うどんのどちらにもあるが、一般にはうどんで行われることが多い。そばの場合は「地獄そば」とも呼ばれる。

いずれの場合も、茹で上がった麺を水で洗わず、熱々のまま茹で湯（そばの場合はそば湯）とともに丼などに入れて供する。通常は「もりそば」と同様につけつゆにつけて食べる。「熱盛り」と同じく温かいそばを味わう食べ方で、熱いそば湯に浸かっているためそばが冷めにくいという利点がある。そばが濡れた状態のため、つけつゆが薄められがちなところが難点といえば難点だが、温められたことでそばの香りがたち、冷たいそばにはない風味が楽しめる。

釜揚げそばがよく食べられているのは出雲地方。❶「割子《わりご》そば」とともに、そばの釜揚げが郷土食の一つとして伝わっている。

出雲の「釜揚げそば」はこの地方独特の食べ方で、冷たく濃いそばつゆを丼に直接注ぐ。通常の温かいそばと違い、各々好みの味にととのえるこ

出雲の釜揚げそば

❶**割子そば**
46頁の項目**19**参照。

とができる食べ方である。また、そばの場合はそば湯を張ってあるわけだから、そば湯をたっぷりと飲むこともでき、栄養面でもすぐれているといえる。薬味は青ネギや大根おろしが多いようだ。

　地元の言い伝えでは、出雲の釜揚げそばの発祥地は出雲大社。といっても出雲大社で供されたり食されていたということではない。出雲大社では毎年、旧暦10月に全国の神々が一堂に集うとされる神在祭《かみありさい》が行われることで知られるが、この時期は新そばの時期でもある。そこで、昔はこの祭事の時は大社の周辺に屋台のそば屋が並び新そばを食べさせたが、その時の食べ方が釜揚げだったといわれる。屋台ゆえに茹でたそばを洗うスペースがなく、やむなく釜揚げスタイルになったわけだが、水洗いしないそばならではの風味のよさから人気を集め、割子そばと並ぶ、出雲の代表的な食べ方となったということだ。

　このような意味での釜揚げそばとはちょっと趣が異なるが、❷鍋もの仕立てのそばもまた、釜揚げスタイルの食べ方の一つということができるだろう。鍋ものの締めの雑炊をそばに置き換えたもので、具材とともに、あるいは食べ終えた鍋の煮汁にそばを入れ、お客が自分で茹でる。品書きに出していているそば店があるほか、居酒屋などでも見かけることがある。

主な参考資料・『蕎麦の事典』、『そばうどん』22号

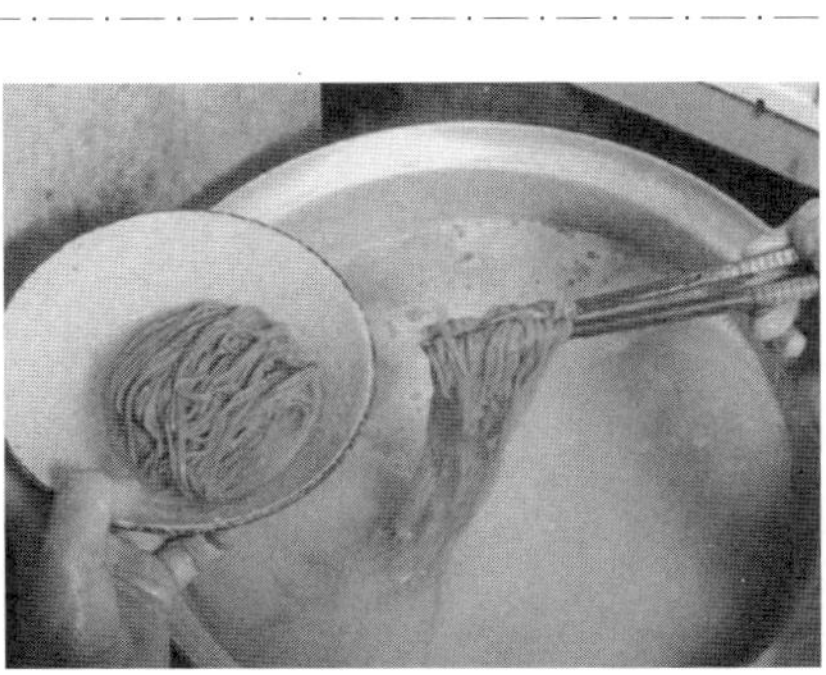
釜揚げそばは茹で上がったそばを釜から直接丼に入れ、そば湯を張る。

❷鍋もの仕立てのそば
島根県西部、岩見地方の家庭では、「鍋そば」といって手打ちにしたそばを卓上の鍋で茹でながら、箸ですくっては、つゆにつけて食する。つゆには、鶏そぼろ、いり卵、ゴマ、カツオ節、海苔、紅葉おろしなどの薬味を好みで入れる。

41 「天ぷらそば」の特徴とは？

そばの章 品書き篇

よく、そば店の天ぷらと天ぷら店の天ぷらとの違いは、そば店のものは衣が厚くて揚げ置きしていることだ、といわれる。なぜそうなったのか、また、いつ頃からそうなのかははっきりしないが、いくつかの説がある。

衣が厚いことをからかったいい方に、「そば屋の天ぷら、谷中の質屋」というのがある。谷中（東京都台東区）には寺が多いから、持ち込まれる質草は「ころも」ばかり、という意味である。

そば店の天ぷらの衣が厚くなった理由については、そば店の汁のせい、という説明がある。そば店には、つけ汁とかけ汁とがあるが、天ぷらそばに使うかけ汁は天ぷら店の天つゆに比べて醤油味が薄い。そうかといって、もり汁では反対に味が濃すぎてうまくない。つまり、どちらの汁も天ぷらに対して中途半端な味である。もちろん、温かい天ぷらそばにするのだから、かけ汁を使うわけだが、醤油味の薄いかけ汁でも、衣によくしみ込ませればちょうどよくなるだろう、ということで、衣を厚くするようになった。これなら、味をつけるのに少々煮込んでも衣がはがれる心配もない。小さ

右の写真は、芝エビをつまみ揚げにした天ぷらそば。つまみ揚げというのは、何本かのエビを筏（いかだ）のように並べて四角く揚げたもの。91頁の写真は、芝エビをかき揚げにした天ぷらそば。

な種を大きく見せるためというのではない、というわけだ。また、そば店の天ぷらは、にぎやかに「花」を咲かせるのが決まり、ともいわれる。これは、衣が汁の中に溶け出して汁の味と渾然一体となることで、天ぷらそばならではの風味が生まれるからである。

最近はわざわざ天ぷらを揚げ置きする店はほとんどないようだが、昔は揚げ置きが当たり前だった。その理由としてはまず、揚げたての天ぷらでは余分な油がきりきれていないため、そばの淡泊な風味を損ねてしまうということが挙げられる。しかも、揚げたての天ぷらは煮込むと衣がはがれやすい。これは衣の厚さとも関係している。そこで、昔のそば店は高温でカラリと揚げてから時間をかけて冷まし、油のにおいがそばを邪魔しないようにしてからお客に出したという。店によって、あるいは混み具合によって揚げ置く時間がまちまちのはずだから一概にはいえないが、いちいち揚げるのが大変だったからではない、という説である。いや、無精をしていたからだとか、人件費を惜しんだせいだといった説もあるが、真相は不明である。しかし、最近は揚げたてで、衣は花は咲かせるものの薄めにし、煮込まずにそばの上に並べて、その上から沸かした汁をかける天ぷらそばが一般的になってきている。

主な参考資料・『そばの技術』、『そばうどん』5号（堀田平七郎「そば店の天ぷらの話」）

❶そば店の天ぷら
そば店でも天ぷらといえばエビの天ぷらが代表格で、いまは主として車エビが用いられているが、東京のそば店では、江戸時代から芝エビがもっぱら天種とされてきた。車エビが主流になったのは、東京湾の芝エビが獲れなくなり、輸入ものの冷凍の車エビが出回るようになった戦後のことである。揚げ方も、現在は1本ずつ花を咲かせて揚げる棒揚げが主流だが、戦前までは、芝エビのつまみ揚げか、かき揚げだった。

そばの章 品書き篇

42 「カレー南蛮」はいつ頃からあるのか？

もり、天ぷら、玉子とじなど、一般にそば店の品書きは江戸時代から受け継がれてきた伝統的なものが基本となっているが、その中でひときわ異彩を放つのが「カレー南蛮」である。

カレー南蛮の発祥については諸説あるが、その一つが、大阪発祥説。明治42年(1909)、東京出身ながら大阪・谷町に「東京そば」(現・「朝松庵」[東京・目黒])を開いていた角田《つのだ》酉《とり》之介《のすけ》が、営業不振挽回のため、そばに向くカレー粉を工夫してカレー南蛮と銘打って売り出したところ、浪花っ子にうけて見事図に当たった。これに気をよくした主人は翌年、東京でも売り出し、併せて同業者に新品書きを売り込んだが、保守的な当時の東京のそば店ではなかなか認めてもらえず、大正3～4年頃(1914～15)になってようやく軌道に乗り始めたという。経緯としては大阪発祥ではあるが、考案したのは東京のそば店であった。

また、元祖カレー南ばんの素本舗(現・杉本商店[東京都世田谷区])の三代目・杉本正勝によれば、明治43年、当時は東京市四谷区伝馬町3丁目にあった食料品店「田中屋」の杉本チヨが、そば店向けのカレー粉を研究し、「地球印　軽便カレー粉」の名称で商標登録した。これに先立ち、同40年にカレー南蛮を売り出したのが新宿・早稲田の「三朝庵《さんちょうあん》」だったという。

以上が、カレー南蛮発祥説のあらましだが、明治時代の話ゆえ、細かい経緯などについてはよくわかっていない。

明治期、カレーはハイカラな洋食の一つで、仮名垣魯文《かながきろぶん》の『西洋料理通』（明治5年刊）などで紹介されたりしているものの、一般には普及していない。庶民に親しまれるようになるのは大正12年の関東大震災以降のこととされる。そうした背景を考えると、明治40年頃に早くもカレーに目をつけた先駆者たちは慧眼であった。しかも、東京でそば店といえば、なんといっても「江戸」の伝統の時代。大胆な和洋折衷の発想だったが、そばつゆを上手に生かした味は広く受け入れられ、今日に至っている。

なお、ひと口にカレー南蛮といっても、長ネギを使う店もあればタマネギを使う店もある。また、肉も鶏肉、豚肉と、店によってさまざまだ。しかし、もともと「南蛮」とは江戸時代に長ネギを指した言葉であり、肉も鶏肉を使用するのが定法とされる。また、そばは南蛮だが、うどんの場合は「カレーうどん」とすることが多いようだ。

主な参考資料・『蕎麦の事典』

そば店のカレー南蛮の一般的な作り方は、かけ汁にタマネギと肉を入れて火にかけ、煮立つ前にカレー粉と小麦粉を混ぜ合わせたものを大さじ1杯加えて溶かす。最後に煮汁を煮立てて水溶きの片栗粉を加えてとろみをつけて、あんかけにする。

43 そば店ならではの酒の肴とは？

そばの章 品書き篇

昔から「そば屋酒」という言葉があるほどで、そば店は酒を吟味して置き、おいしい酒を安直に飲めることを売り物の一つにしてきた。もり1枚を肴に酒を飲み、もう1枚で腹を満たす、といった飲み方も多かったと伝えられるが、やはりそば店にはそば店ならではの酒肴がある。

そば店の酒肴の特徴は、海苔、かまぼこ、エビ、鶏肉、合鴨肉、ネギ、ヤマノイモ、卵といった、ふだんの仕事で使う材料を上手に利用する点にある。それらの材料を、もり汁、かけ汁、あるいはかえしという、そば店ならではの調味料で味付けすることによって独特の味を作り出してきた。

古くからある酒肴の代表的なものは、「焼き海苔」、「板わさ」、「わさび芋」、「玉子焼き」、「焼きとり」、「はしらわさび」などで、酒肴のためにあまり手をかけないですみ、しかも酒に合う味であることを基本にしている。焼き海苔は文字通り、浅草海苔を切って出すだけ(昔は木製の[1]海苔箱に入れて出す店が多かった)。板わさは切ったかまぼこにおろしワサビを付けたもの、わさび芋はヤマノイモのとろろにおろしワサビと青海苔を散らした

そば店ならではの酒肴の一例。手前から焼海苔、天ぬき、板わさ。

もの。はしらわさびも新鮮な小柱におろしワサビを添えただけである。

ただし、厚焼きの玉子焼きと焼きとりには、そば店の味である汁とかえしが巧みに生かされている。玉子焼きはもり汁でのばす「だし巻き玉子」で、そのため色はややくすむが、だしがきいていておいしい。おかめそばなどの上置きに使うため甘みが少ない点も、酒によく合う。鶏肉や合鴨肉をネギと焼いた焼きとりは、かえしをタレとしてからめるところが特徴で、鶏肝だけを別に煮て出す店もある。また、一般的な酒肴とはいえないが、伊勢エビや車エビを殻ごとタレをかけて焼く「鬼がら焼き」も、かえしのうまみを生かした好例といえる。

天ぷらそばや鴨南蛮からそばを抜いた「ぬき」❷(「すい」)も、そば店の伝統的な酒肴である。種ものの具と汁だけを酒肴にするもので、「天ぬき」、「鴨ぬき」と呼ぶが、吸い物でもあることから、「天すい」、「鴨すい」ともいい、おかめそばの場合は「おかすい」(「おかめすい」、「おかめぬき」)という。ただ、そば店のかけ汁はそばを入れて少々薄まることを前提に、辛めに仕上げているので、ぬきにする場合は、少しだしでのばして出す店もある。

このほか、揚げたての天ぷらをそのまま出す「天たね」や合鴨肉とネギを焼いた「あいやき」なども、そば店らしい酒肴である。

主な参考資料・『そば・うどんの応用技術』、『そばの技術』

❶海苔箱
焼き海苔を入れて出すための蓋物の小箱。多くは桐製で、塗り物もあった。重箱のような構造になっており、海苔をのせる上段は和紙が張られていて、下段には小さな火入れの陶器に炭火が入れてある。この構造により、海苔が湿気るのを防ぐ。

❷ぬきの別称
関西では、ぬきのことを「かまくら」といって、明治の頃にはうどん店の品書きにもあった。「すわ鎌倉」(「いざ鎌倉」ともいう)のしゃれから、その呼び名が付けられたようだ。

そばの章 品書き篇

44 「そば味噌」はどのようなものか？

一般に、そば店で「そば味噌」と呼ばれているものは二つのタイプに大別される。

一つは嘗《なめ》味噌タイプのもので、昭和の初め頃に考案された。最近は赤味噌などさまざまな味噌が使われるようになっているが、もともとは江戸甘味噌を用いて作られた。

味噌は色、味、麹の種類、産地などによって、白味噌、赤味噌、甘味噌、辛味噌、米味噌、豆味噌などに細かく分類される。たとえば、長野県を中心に関東一円で造られている信州味噌は淡色辛味噌となる。江戸甘味噌は江戸時代から造られている甘口の赤味噌である。「江戸甘」とも呼ばれるように塩分が約6％と少なく京都の白味噌とほぼ同じで、麹はふつうの辛味噌の倍量で仕込む。色は光沢のある茶褐色をしており、大豆の香りと麹の甘み・香りが調和した、独特の上品でまろやかな風味を持つ。熟成期間が5～20日間と短くあまり日持ちがしないため、醸造は江戸の味噌蔵に限られていたという。大正期までは東京の需要の半分以上を占め、とりわけ

嘗味噌タイプのそば味噌。煎った抜きを味噌に混ぜ合わせる。

豆腐の味噌田楽、どじょう汁といった江戸以来の伝統料理に欠かせない味噌だった。すったり練ったりしても風味が損ねられることがなく、近年は料理や菓子に広く利用されるようになっている。

この江戸甘味噌と砂糖をかけつゆ(甘汁)でのばし、火にかけながら十分に練り上げて冷ます。そこに、煎った抜き(ソバの実)と白ゴマを混ぜ、ミリンと赤トウガラシ粉で味をととのえる。煎ったソバの実と白ゴマの芳ばしい香りと口当たりが特徴で、酒のお通しとして供されるほか、日持ちがよいのでお土産としても重宝される。ソバの実を用いるようになる以前は、煎り大豆を加えて作られていたそうだ。

もう一つのそば味噌は、焼味噌タイプのもので、戦後になってから考案された。「そば焼き味噌」とも呼ばれる。木しゃもじに調味した白味噌をぬり、火であぶるのが基本形。

京都の西京味噌(白甘味噌)に削り節、水気をきったさらしネギのみじん切り、刻んだユズの皮、抜きを混ぜる。これを木しゃもじに平らにぬりつけ、表面に包丁で鹿の子模様をつけてから直火であぶり、軽く焦げ目をつける。近年は、抜きの代わりに煎ったソバの実や揚げたそば米を使うなど、さまざまなバリエーションがある。

主な参考資料・『そば・うどんの応用技術』、『麺類百科事典』

木しゃもじに味噌をぬり、火であぶったそば焼き味噌。

45 「一鉢、二延し、三包丁」の意味は？

そばの章 技術篇

手打ちそばの作業の要諦を語呂よく表した言葉である。「一こね、二延ばし、三包丁」ともいう。また「包丁三日、延し三月、木鉢三年」などともいわれるように、手打ちそばの工程の中で一番大事なのは、最初の木鉢❶での技術だということを意味する。昔から、手打ちそば職人の修業の座右の銘でもあった。

東京流の手打ちそばの手順を細かく分けると、

1．木鉢＝①水まわし（加水）、②くくり（まとめ）、③へそ出し

2．延し＝①丸出し、②四つ出し（角出し）、③幅出し、④肉分け、⑤本延し、⑥仕上げ延し、⑦たたみ

3．包丁＝①包丁（切る）、②生舟《なまぶね》（保管）

と、大きく三つの工程に分類・整理されるが、このうち、そばのよし悪しを決める急所ともいえるのが、1．木鉢での①水まわし、②くくりの作業である。腕の未熟な者はここで失敗して、そば粉に十分に水がまわらない。これを❷「きらず玉」という。こうなったら延しても切っても売りものには

木鉢での水まわしの作業

ならないからと捨て置かれてしまう、という意味である。作業工程としては2．延しが一番多く、また、3．包丁とともに手さばきも鮮やかに見える。これに対して木鉢での作業は一見地味だが、技術としてはもっとも難しいのである。

ところで、同じ木鉢の作業でも、水まわしとくくりとでは、その目的はまったく異なる。

水まわしは、粉と水とを1粒ずつ均等に結び付ける作業である。そば粉は、水が十分に混ざれば粘りも出て打ちやすくなるのだが、最初のうちは細かい粒になりたがる。そこで、手に力を入れずに、できるだけ素早くかつ入念にかき混ぜることがポイントになる。

一方、くくりでは、水まわしによって粉の表面に付着させた水分を粉の内部に押し込み、さらに粉の粒子もつぶして、そば粉の持つ粘りを引き出すのが目的である。そのために「練る（こねる）」作業を繰り返し、手に力を加え、しかもていねいに行う。

このように、手打ちそばの技術を習得するには木鉢でもむ作業が一番難しい。そこから「揉み方三年、切り方三月」という言葉もある。木鉢に比べて包丁はやさしく、わずか3ヵ月で上達するという意味である。

主な参考資料・『そばの技術』、『そばの基本技術』

---

❶木鉢
地方によっては、木鉢の作業を陶製の「こね鉢」（かぶと鉢ともいう）で行うこともある。

❷きらず玉
一方、そばをこねる時に、水の量を多くするとやわらかいのでもみ込むのに力がいらないが、できたそばはつやがなく、味は落ちる。それを承知で楽をするためにやわらかくくった玉のことを「ずる玉」という。仕事をズルけるところからきた言葉である。

そばの章 技術篇

46 そばのつなぎに使われる材料とは？

そば粉は、水まわしを十分に行い、丹念にこねれば粘性を発揮するから、そば粉だけでつなげることも不可能ではない（そば粉だけで打ったそばは❶「生粉《きこ》打ち」という）。

しかし、そば粉の麺としてのつなぎ作用は、うどんや中華麺、パスタなどと広く麺類に利用されている小麦粉と比べて大変弱い。小麦粉は、❷グルテンを形成するたんぱく質が含まれているため水を加えると麺に加工しやすいが、そば粉に含まれているたんぱく質はグルテンを形成しない。そば粉だけでなく、大麦、エン麦、ライ麦などの麦類、あるいは米、トウモロコシなどの穀類も同様である。小麦のたんぱく質だけがとくにグルテンを形成するのである。

このように、グルテン形成のないそば粉ではあるが、弱いながらもつなぎ作用があり、たんぱく質含量が多くなればそれだけつながりもよくなる。ただし、甘皮部を中心とした、たんぱく質含量が15%前後ある粉はつながりがよく、ソバ特有のにおいも強いのだが、そば切りにした場合は歯切れ

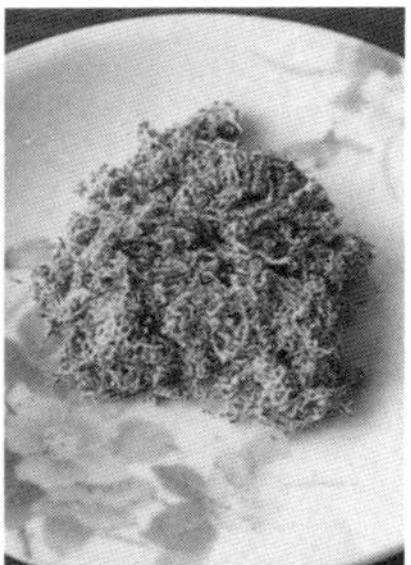

左は、生のオヤマボクチの葉（下）と乾燥させたもの（上）。右は、乾燥させたオヤマボクチをよくもんで篩（ふるい）にかけては干すという作業をくり返した後、茹でてアクを取って乾燥させて繊維質だけにしたもの。

が悪くなる。反対に、胚乳部が多いさらしな粉や一番粉は、たんぱく質含量が少なく、つなぎの力が極めて弱い。また、そば粉のたんぱく質は水に溶けて流れやすい性質なので、麺にしたての時には粘性があるものの、時間が経つと粘性を保持する力はなくなり、切れやすくなる。そのため、そば粉にはつなぎを加えるのが一般的になっている。

江戸時代中期以来、つなぎには小麦粉が用いられるのがふつうだが、卵やヤマノイモ(大和芋)もよく使われてきた。とくに郷土そばの場合は、ヤマノイモでつなぐことが多いようだ。

そのほかによく知られているところでは、かつて山ゴボウの葉と呼ばれたオヤマボクチ(長野)やヨモギ(長野、新潟)がある。いずれも若葉を干してからよくもんで繊維だけを取り出したものを使い、細かく刻んだりしてからそば粉に混ぜて打つ。サルゴマ(黄蜀葵《とろろあおい》の異称で、ネーレとも呼ぶ。群馬県榛東村《しんとう》、北橘村)やレンコンを使う地方もある。

珍しいものとしては、新潟県小千谷《おぢや》や十日町周辺のフノリ❸つなぎがある。フノリ(布海苔)はフノリ科の紅藻(海藻)で、その一種であるフクロフノリを使用するのだが、これは近くの織物産地十日町で織物作りに使っていることにヒントを得たという。

主な参考資料・『そばの基本技術』(氏原暉男「そばの主原料」)、『蕎麦の世界』(新島繁「郷土そば」)

---

❶生粉打ち
104頁の項目48参照。

❷グルテン
小麦粉に水を加えて練って作った生地(ドウ)を水にさらしてでんぷんを洗い流すと、粘着性のガム状の物質が残る。これがグルテンである。たんぱく質のグルテニンとグリアジンが主体となって形成される。パンが大きくふんわりと膨らみ、冷えてもその形を保てたり、中華麺やうどんに独特の歯応えのある食感を与えるのは、このグルテンの働きである。

❸フノリ
フノリ科の紅藻(海藻)。倉庫などで1年間ねかし、十分に乾燥して褐色になったものを使う。水洗いしてから水を加え、かき混ぜながらゼラチン状になるまで煮ると、淡い緑色になる。これをつなぎとしてそば粉に加える。

47 そばの章 技術篇

小麦粉をつなぎに使う理由とは？

小麦粉に水を加えてよくこねると、粘り気と弾力性のある塊にまとまる。この生地（ドウ）を多量の水にさらしてでんぷん粒やそのほかの水に溶ける成分を洗い流すと、まるで餅のように粘弾性の強い塊状のものが残る。これが❶グルテン（❷湿麩《しっぷ》ともいう）である。グルテンは、小麦粉のたんぱく質に含まれるグルテニンとグリアジンが水を吸収して網の目のように結び付き合ったもので、この性質を借りてそばをつなげるわけである。ちなみに、このグルテンを食用に加工したものが生麩である。

そばのつなぎにはいろいろなものが利用されているが、小麦粉が一般的に用いられるのは主として、①入手しやすい、②価格が経済的である、③作業がやりやすい、④そば粉の風味を壊さない、といった理由による。

つなぎには、そばをつなげやすくする役割のほか、麺にしてから切れるのを防ぐ役割、そばののびを防ぐ役割がある。しかし、たんにその役割を果たせばそれでいい、というわけではない。

小麦粉は、そのたんぱく質含量の違いによって、強力粉、中力粉、薄力粉に大別される。つなぎとしての働きだけを求めるなら、たんぱく質含量がもっとも多く粘性にすぐれている強力粉を選べばよいことになるが、そばの食味という点を考慮すると、そう単純には決められない。どういうそばを作りたいかによって、小麦粉を選ぶ必要がある。

かつては、強力小麦や準強力小麦の製粉時に採れる❸末粉《すえこ》が主として利用されていた。末粉のほうがたんぱく質の含量が多いことと、末粉は色がついていてほかの食品用に向かないがそば用には問題ない、というのがその理由だった。しかし、そば粉の配合率が低い場合にたんぱく質含量の多すぎる小麦粉を加えると、そば特有の粘りの少ないもろい感じがなくなってしまう。「割り粉（つなぎの小麦粉）もそばのうち」といわれるゆえんだ。小麦粉の品質や取り扱いには十分気を配る必要がある。

従来、小麦粉がつなぎとして利用されるようになるのは元禄期（*1688*〜*1704*）以降とされてきたが、近年、寛文8年（*1668*）に書かれた料理書『料理塩梅集』に、そば粉が劣化する夏季にはうどんの粉（小麦粉）を混ぜて打つとよい、という記述があることが報告されている。混ぜる割合はそば粉1升に対して3分、と具体的な内容である。ただ、元禄期の料理書につなぎの記述はなく、小麦粉の使用が一般化した時期とはいいがたい。

主な参考資料・『そばの基本技術』（氏原暉男「そばの主原料」）、『そばの技術』

---

❶グルテン
101頁の脚注❷参照。

❷湿麩
湿麩とは、湿ったたんぱく質（麩）という意味である。小麦粉に対する重量％で表し（湿麩量）、小麦粉のたんぱく質の量の表示に使われる。洗い方や水きりの程度などによって多少誤差はあるが、通常、強力粉で40％前後、中力粉で30％前後、薄力粉で20％である。

❸末粉
業界用語としては、「すそこ」ともいう。

48 「生粉打ち」の意味は？

そばの章 技術篇

そば粉100％でそばを打つこと、また、そのそばのことを「❶生粉《きこ》打ち」という。一般にそばを打つ場合、そば粉だけではうまくつながらないため、つなぎとして小麦粉を加える。その小麦粉のことを「割り粉」というが、それに対して、そば粉そのものを指して「生粉」と呼んだことから生まれた言葉である。「生《き》一本」も同義で、生粉打ちのそばは「十割そば」ともいう。機械打ちのそばが全盛だった時代にはほとんど忘れられた言葉だったが、その後の手打ちの復活とともに、生粉打ちのそばを出すそば店が増えている。ツルツルとした口当たりのよさはないが、そば本来の味わいとの声は少なくない。

そばは長く備荒食糧として栽培され、そば米にして煮て食べられていた。石臼の普及とともにそば粉を練って作るそばがきやそば餅の形にして食べる方法が一般的になったが、麺線の形のそばとして広く普及するのは、ようやく江戸時代に入ってからのことである。初期のそば切りは、つなぎの方法が知られていなかったため、すべて生粉打ちであったと思われる。

そば切りの発祥年代については、いまのところはっきりと結論づけられてはいない。初出は長野県木曽郡の古刹・❷定勝寺《じょうしょうじ》で発見された古文書で、天正2年(*1574*)にそば切りの振る舞いがあったと記されているが、どんなそばだったのかはわからない。

そば切りの製法の初見は寛永20年(*1643*)板の料理専門書『料理物語』❸で、後段の部に「飯の取湯にてこね候てよし。又ぬるま湯にても、又豆腐をすり、水にてこね申す事もあり」と具体的に述べられている。この記述によれば、一部で豆腐つなぎも行われてはいたようだが、通常はそば粉のみの❹湯ごねか水ごねだったようだ。さらに元禄2年(*1689*)刊『合類日用料理抄』巻二の「蕎麦切の方」を見ても、「蕎麦の粉《こ》能々《よくよく》吟じ、扨《さて》こね申候」とあるだけ。ここでもまだつなぎについては書かれていないから、元禄(*1688*～*1704*)・享保(*1716*～*36*)の頃までは、そば切りといえば生粉打ちだったと考えていいだろう。

現在でも生粉打ちは各地で行われており、なかでもそばどころ信州の伝統的なそば打ちに、長い年月の中で完成された技術を見ることができる。信州ではかつて、小麦粉はむしろ貴重品であったため、山間の農家ではそばといえば、挽きぐるみのそば粉のみで打つものだった。

主な参考資料・『蕎麦の世界』（新島繁「そば屋の変遷」）、『そば・うどんの応用技術』

---

❶生粉打ち
一般に生粉打ちは、湯ごね(湯ねり)の場合が多い。新ソバの時期であれば水ごねでもつながるが、そば粉の鮮度が落ちてくると、水ごねでは難しい。ことに、さらしな粉の場合は水ごねによる生粉打ちは不可能で、湯ごねの手法をとる。しかし、湯ごねの場合、茹で上げてから時間をおくとのびやすいので、供するタイミングに注意する必要がある。

❷定勝寺の古文書
10頁の項目**1**参照。

❸『料理物語』
現在、刊本として確認されているのは寛永20年本だけだが、研究者によると、ほかに寛永13年の跋のある稿本(20年本の跋文末にある「於武州狭山書之」はない)があり、慶長(1596～1615)版の存在の可能性もある。

❹湯ごねか水ごね
106頁の項目**49**参照。

49 「水ごね」と「湯ごね」の違いとは？

そばの章 技術篇

❶「水ごね」と「湯ごね」の違いは、簡単にいえば、そば粉をつなげる力として、たんぱく成分を利用するか、それともでんぷんを利用するか、ということにある。

水ごねでは、最初の水まわしの段階で粉（そば粉と小麦粉の混合粉）にまんべんなく水を含ませて小麦粉の中のたんぱく成分の粘りを引き出す。そして、その粘りの力ででんぷんの粒子を一つひとつ結び付けていく。小麦粉のたんぱく成分は、水を加えると❷グルテンを形成し、網の目のようにしっかりと結び付き合って強い粘性を発揮するが、熱湯の中では凝固してしまい粘性を引き出せない。したがって、グルテン（たんぱく成分）の力を利用する場合には、水ごねが適しているわけだ。

そば粉は小麦粉のようなグルテンは形成しないが、主として水溶性のたんぱく成分がわずかに含まれている。そして、この水溶性たんぱく成分は水に溶けると粘りを生じるため、この力だけでそば粉をつなげることも可能である。ただ、この力はたんに粉の粒子同士を付着させる力でしかなく、

湯ごね

グルテンの網目構造のような、たんぱく成分がからみ合いながらでんぷん粒を包み込んでいく強い麺帯形成力にはならない。そのため、そば粉だけで打たず、小麦粉を適宜混ぜて打つ。これが江戸時代以来の、割り粉を使うもっとも一般的なそば打ちの手法である。

これに対して湯ごねとは、熱湯を加えることによってそば粉のでんぷんを糊化(α《アルファ》化)❸して粘性を引き出し、その粘りの力でつないでいく手法である。でんぷんは水に溶けても糊化しないが、熱湯と触れるとたちまち粘力を生じ、互いにくっつき合う性質がある。これはそば粉のでんぷんだけでなく、たとえば葛粉や片栗粉にも共通した性質で、いわゆる「あんかけ」は、でんぷんのこうした性質と働きを利用したものだ。

湯ごねは、「湯ねり」あるいは「湯もみ」ともいう。このそば粉のでんぷんの粘りを引き出す作業は、水ごねによってグルテンを形成させる作業に比べて腕力を必要とせず、比較的楽に打てることから、そば打ちがハレの日の女性の仕事だった農山村などでは昔から行われてきた。信州そばの生粉《きこ》打ちが代表例だが、東北地方の郷土そばにも多く見られるように、とくに寒冷地でその効果を発揮する。また、高純度のでんぷん粉であるさらしな粉を打つ時(さらしなそば、変わりそば)に欠かせない技術である。

主な参考資料・『片倉康雄手打そばの技術』、『岩手のそば』

---

❶水ごねと湯ごねの併用
岩手県の農山村で行われてきた伝統的な手打ちそばでは、生粉打ち、小麦粉をつなぎに用いる場合のいずれでも、この併用がよく見られる。最初に少なめの熱湯を全体にかけて粉を湿らせ、それから水を加えて練る。

❷グルテン
101頁の脚注❷参照。

❸α化
159頁の脚注❷参照。

そばの章 技術篇

50 そばの「三たて」の意味は？

「三たて」というのは、「挽きたて、打ちたて、茹でたて」のことで、うまいそばの3条件として使われてきた言葉である。

「挽きたて」とは、製粉したてのこと。現在では自家製粉をしなければこのような粉を使うことは極めて難しくなってしまったが、明治から大正の頃までは「❶抜き屋」という商売があって、これを可能にしていた。玄ソバから殻を取る工程を「挽き抜き」といい、実を「抜き」（「挽き抜き」ともいう）と呼ぶが、抜き屋は翌日使う分の抜きを前日のうちにそば店に届け、それから粉挽き職人が粉に挽いたものだった。そば粉は時間が経つと鮮度の劣化が激しいからである。もちろん、すべてのそば店で抜き屋を利用できたわけではないが、その代わりに昔から「❷木鉢下」という保管方法が工夫されていた。

「打ちたて」と「茹でたて」も、そばの劣化が早いことに起因する。ただし、いくら打ちたてがよいとはいっても、包丁切りしたばかりのそば（「❸包《ほう》丁下《ちょうした》」ともいう）はよくない。切りたてよりも、少し時間をおいてから

---

❶抜き屋
江戸時代、現在の東京・中野付近に

茹でるほうがうまいそばになる。茹でたては、茹でたそばはあっという間にのびてしまうから、手際よく水切りをして素早く出さなければいけない、という戒めでもある。とくに生粉《きこ》打ちは茹で上げてから食べるまでのタイミングが大切で、ぐずぐずしているととんでもなくまずいそばになってしまう。素早く水切りがなされタイミングよくお客に出されたそばは、ほどよく水が切れかかり、汁がうまくからむ。

ところで近年、うまいそばの条件として、三たてに「穫りたて」を加えて「四たて」ということもある。玄ソバは挽いたそば粉に比べればはるかに劣化が遅いが、それでも時間が経てば経つだけ風味は薄れる。とくに、収穫から半年以上を経た夏場は、そばにとって最悪の条件となる。香りや味はもちろんのこと、そば粉自体の色も黒ずんできて、見た目のおいしさも味わえない。

そこで、本当にうまいそばを食べるならやはり穫りたてということになるわけだが、これはなかなか難しい問題だ。しかし、新ソバを最上とするなら現在の流通機構下ではおおむね可能である。なお最近は、新ソバに比べ香りはやや落ちるものの、ひと冬越して翌年3月頃まで待ったほうが味により深みが出る、という意見もある。

主な参考資料・『そばの技術』、『麺類百科事典』

「くるまや」と呼ばれる水車場が発達。ソバをはじめとする雑穀類の集散地として栄えたが、ソバの抜き実を作ることから「抜き屋」と呼ばれた。三多摩や甲斐(山梨県)方面から運ばれてくる玄ソバは、ここで殻を取られて「抜き」となり、江戸市中に卸された。一般のそば屋は自家製粉したが、職人部屋から派遣される「臼屋」と称する粉挽き職人がいて、大店などで粉に挽いた。

❷木鉢下
本来は、木鉢を据える台として利用した丸桶のことだが、昔からそば粉と小麦粉を一定の割合で混ぜ、この桶に保管するそば店が多かったことから、その混合粉をも指すようになった。そば粉は劣化が速いが、空気中の水分の吸収許容量の大きい小麦粉と混ぜておくことで、ある程度、鮮度を保つことができる。

❸包丁下
110頁の項目**51**参照。

51 「包丁下」の意味は？

そばの章 技術篇

包丁で切ったばかりのそばを「包丁下《ほうちょうした》」という。よくおいしいそばの3条件として「❶挽きたて、打ちたて、茹でたて」といわれるが、実は極端な打ちたて、つまり切りたてはよくない。

❷おいしいそばを打つ要諦は、そば粉全体に均等かつ十分に水を行き渡らせることにある。そば打ちの工程でもっとも大事なのが水まわしといわれるのはこのためで、水まわしがきちんとなされているかどうかで、そばのでき上がりは決まる。いわゆる「きらず玉」は、水まわしとこねがうまくいかず、生地の中に乾いた粉が混じっている状態をいい、これはいくら茹でても生の部分が残り、粉っぽく角の崩れやすいそばになってしまう。

ただし、いくらしっかりと水まわしして練り込んでいても、そば粉に完全に水がなじむにはある程度の時間がかかる。したがって、切ってから少し時間をおいて、そば粉と水を十分になじませてから茹でたほうが、おいしいそばに仕上がるわけである。

実際、切りたてのそばは茹で湯に入れても沈まずに浮いてきたりして、うまく茹だらない。そば粉と水とのなじみ具合のほか、こねた際に生地に含まれてしまった空気が抜けきらないためなどともいわれる。はっきりとした原因はわかっていないが、こういう状態のそばを無理に茹でても、シャキッとしてつやのあるそばにはならない。

つまり、打ちたてがよいというのは、打ってから何時間も放置してはいけないという戒めで、切ったら直ちに茹でなさいという意味ではない。切りを終えたそばは、蓋付きの生舟《なまぶね》などに入れて乾燥しないようにし、少なくとも夏場で15分間、冬場なら20～30分間くらいおいてから茹でなくてはならないといわれている。ただし、この目安の時間は木鉢でしっかりと水まわしとこねを行う手打ちの場合で、ミキサーを使用する機械打ちの場合は、これより多少長めに時間をおくようにする。

また、包丁下のそばは俗に「空煮《そらに》えしやすい」ともいわれる。「空煮え」とは、そばの表面は茹で上がっているのに芯が残っていることをいう。「うそ」を「空っこと」といった江戸言葉に由来するという。ともすると、この芯がいわゆるコシと混同されるきらいがあるようだが、生煮えなだけで、そば本来のしなやかさではない。そのため、昔からそば店では「包丁下は避ける」という戒めが伝えられている。

主な参考資料・『蕎麦の事典』

---

❶挽きたて、打ちたて、茹でたて
108頁の項目**50**参照。

❷おいしいそばを打つ要諦
98頁の項目**45**参照。

そばの章　技術篇

52 そばが「のびる」とはどのような状態か？

うまいそばの3条件として、俗に「三たて」❶という。「挽きたて、打ちたて、茹でたて」である。

また、そばは茹で上げてからの水の切れ具合も、うまさの大事な条件になる。汁がよくからみ、そばの香りが立ってくるのは、そばから水が切れかかる頃だからである。

しかし、その「食べ頃」を過ぎたそばは、次第にシャキッとした感じが失われ、はてはグニャグニャになってくっついてしまったりする。くっつかないまでも、歯切れのよい、そば独特のコシの立つ食感はなくなっている。このような状態を指して、そばが「のびる」という。

❷そばに含まれているたんぱく質の半分近くは、大変に水に溶けやすい性質を持っていて、水に溶けると粘りを生じる。小麦粉などのつなぎを使わなくてもそば粉がつながる(生粉《きこ》打ち)❸のは、この粘りの力のためであるが、そば粉のたんぱく質は小麦粉のグルテン❹のように網目構造を作ることができない。そのため、そばは茹でて水にさらされた後は、麺の中心と表面の

水分差がなくなって全体がやわらかくなっていき、のびてしまう。つまり、そばは水溶性のたんぱく質が多く、またグルテンを形成できないことが、うどんよりのびやすい原因になっているわけだ。汁をかける温かいそばは、水分を早く吸収してやわらかくなるから、のびるのがさらに早い。

一方、こののびるという現象は、釜の中で茹でている時や、茹で上げてから水で洗う時にも起こる。

そばが茹だった状態とはでんぷんが糊化❺(α《アルファ》化)した状態のことだが、十分に沸騰していない湯で茹でると、そばの中心に熱が伝わるまでに時間がかかり、その間に表面のほうは煮えすぎとなって水溶性たんぱく質も溶出してしまう。また、洗いの段階で一気に冷水で冷やさないと、そばの内部にこもっている余熱で茹でが進み、やはりのびてしまう。茹ですぎて洗いの悪いそばは、最初からのびた状態になっているわけである。

この水溶性たんぱく質は、そばの実の中心部(胚乳部)には少なく外側(甘皮部)に多く含まれている。そのため、色の濃い、つなぎの少ないそばほどのびが早い❻。

反対に、胚乳部のみの粉で打たれた真っ白いさらしなそばはほとんどのびず、時間が多少経過してもさらりとほぐれる。

主な参考資料・『そばの技術』、『麺類百科事典』

---

❶三たて
108頁の項目**50**参照。

❷そばに含まれる水溶性たんぱく質
106頁の項目**49**参照。

❸生粉打ち
104頁の項目**48**参照。

❹グルテン
101頁の脚注❷参照。

❺α化
159頁の脚注❷参照。

❻のびが早い
このことから、つなぎの小麦粉の割合が少ないそばは出前には向かない。また、さらしな粉で打ったさらしなそばは、並そばに比べてのびにくいため、作り置きが必要なそばずしなどに使うのもよい。

53 麺棒を3本使ってそばを打つのはなぜか？

そばの章　技術篇

古くからのそばどころなど、今日も古式の手打ち技術が継承されている地域はあるが、近年、麺棒を3本使って打つ東京流の打ち方が全国に広まっている。地方の古式と東京流の打ち方の第一の違いは、用いる麺棒の数である。古式が1本の麺棒で生地を丸く延すのに対して、東京流では麺棒を3本使い生地を四角く延す。

麺棒を3本使うのは、生地をできるだけ長く大きく、かつ均等な幅、均一な厚さに平らに延すためである。これによって、麺線に切った時に無駄な部分が出ず、均一な長さの、きれいで食べやすいそばに仕上げることができる。1本の麺棒で延していくと必然的に丸く大きな生地にならざるを得ないが、東京流では、生地の延していない部分を2本の巻き棒に巻きつけておくことによって、常にほどよい一定の広さの生地に対して延しの作業を行うことができる。つまり、そば店の打ち台の上という狭い場所であっても、一度に大量のそばを打つことができるわけだ。

また、生地の延していない部分を2本の巻き棒に巻きつけておくことに

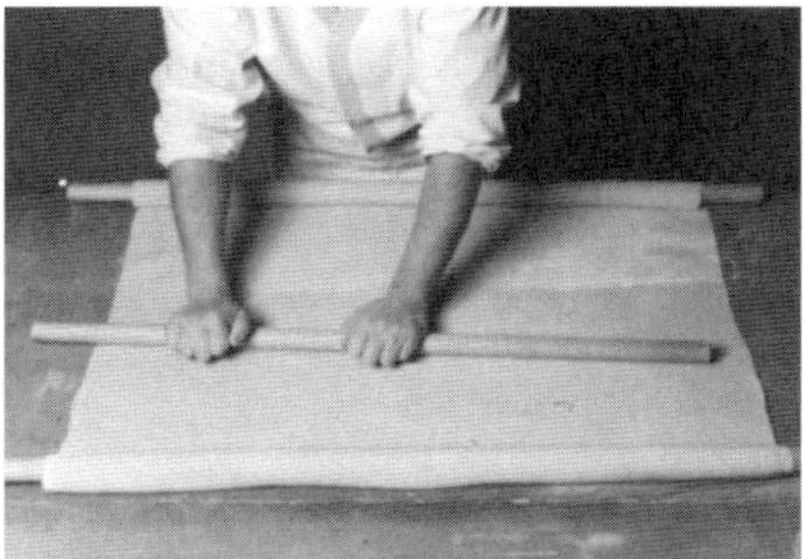

3本の麺棒を使って打つ東京流のそば打ち

は、生地をできるだけ直接空気にさらさないという意味もある。生地が乾燥すると、延している間に生地の切れやヒビ割れが起こりやすくなり、そばの質が低下する。そのため、昔から生地を乾燥させてしまうことを「そばに風邪を引かせる」といって戒めたのである。

このように、東京流のそば打ち技術は非常に合理的だ。そば打ちの急所を的確に押さえ、考え抜かれた技術といってさしつかえないだろう。このそば打ち技術は、最近は「江戸流」と称されることが多いが、実は江戸時代の文献には見当たらず、いつ頃考案されたのかはっきりしていない。本項で「東京流」としたのはそのためである。

地方の古式の手打ちでは、おおむね太く、長い麺棒が使われるが、東京流で使用するのは、２本の巻き棒（長さ約１２０cm）と1本の打ち棒（長さ約90cm）で、直径は太くても3cmほどだ。材質はヒノキがもっとも適しているとされるが、カシ、ホオ、ヒバ、アララギなども用いられる。麺棒は、細いほうが生地の密度が高くなり、表面が荒れることも少ない。つまり、肌がなめらかで、しっかりとした粘着力のある生地に仕上げることができるとされる。とはいえ、細いばかりでは十分でなく、ある程度の柔軟さと軽さとを備えた材質であるのが望ましい。

主な参考資料・『そばの基本技術』

1本の麺棒で打つ地方のそば打ち

54 そばの章 技術篇

そば打ちに使う「打ち粉」の役割とは？

こね上げたそば、うどん、あるいはきしめんの玉を麺棒を使って延す時に、生地が延し台につかないように、また、延した生地同士が麺棒に巻きつけた時にくっつかないように、表面に粉をふる。その粉のことを「打ち粉」という。手打ちに限らず機械打ちの場合にも、加水量を多くした場合には、ロールで作った麺帯を巻き棒に巻きつける時に用いる。また、手打ちの場合は、延した生地を切る時にも打ち粉をふり、麺線同士がくっつかないようにする。切り終えたら、両手で一こま分のそばを持って軽くふるい、余分な打ち粉は払い落としておく。

そばの手打ちでは、打ち粉は最初にたっぷりとふり、あとの延しの作業での区切り区切りでは少なめの量をふるのが基本。延しの初めにふられた打ち粉は、麺棒で延されている間にそばの中に打ち込まれる。そのため、打ち粉は最初に良質のものをたっぷりとふるのが理想的とされる。

一方、切りの作業の際にふられた打ち粉は、包丁のすべりをよくし、麺線同士がくっつかないようにするばかりでなく、茹でた時に湯の中に溶け

手打ちの場合は、切り終えたら余分な打ち粉は払い落とす。

てそば湯になる。ただし、延して麺帯の表面が固まってしまってからふられた打ち粉は、そばの中には打ち込まれないでそばの表面に付着しているだけである。ゆえに、麺線に切り終えたら余分な打ち粉を払う。そうしないと茹で湯が濃くなりすぎ、そばの茹だりが悪くなる。

ところで、延しの時に打ち粉をたっぷりとふるのだからと、木鉢の際に加水を多くする手抜きのことを「ずる玉打ち」という。加水が多くやわらかければ、もみ込むのに力がいらず楽だからで、「仕事をズルける」ところからできた言葉である。しかし、「ずる玉」だとでき上がりのそばにつやがなく、またやわらかくてそば独特の歯切れのよさがない。はなはだしい場合は、そばが縮れてしまうこともある。

そば打ちの打ち粉には一般に一番粉が用いられているが、昔から打ち粉専用に使われる粉を、別に「花粉《はなこ》」という。抜き、あるいは玄ソバを挽き割った時に粉になってしまう、実の中心部に近い粗めの白い粉で、「白粉《しろこ》」とも呼ばれる。一見するとさらしな粉のように白い粉だが、ほぞ（玄ソバのヘタの部分）の粉になりやすい着色部分が混ざっているため、よく見ると黒ずんでいる。なお花粉とは、打ち粉の関西での呼び方で、「花」は「端《はな》」あるいは「初《はな》」が語源。最初の挽き出しの意味である。

主な参考資料・『蕎麦の世界』（片倉康雄「そば打ち」）、『そば事典』

❶打ち粉

「打ち粉は友粉（共粉）にする」というのは、同じ粉を使うという意味である。たとえば、さらしなそばにはさらしな粉を、うどんにはでんぷんでなく小麦粉を使う。

❷機械打ちのバラがけ

通常、混合機と製麺機を使用する時、混合機で粉に水を加えてボロボロの塊状にし、その塊をそのまま製麺機（ロール機）にかけて麺帯にする。このように、粉と水をよくこねないで製麺機にかけることを「バラがけ」という。バラがけは、ロールにくっつかないようにするため加水量が少なく、また、粉にまんべんなく水がまわっていない状態のままロールにかけてしまうため、不均一な生地の麺帯になりやすい。そこで、このような欠点を補うために、①粉を木鉢で手ごねにしてから製麺機にかける、②混合機にかけたボロボロの塊状のものを足踏みしてから製麺機にかける、といった方法が行われている。

55 「切りべら二三本」の意味は？

そばの章 技術篇

そばの太さについては古くから、そば職人の間で約束事が決められていた。延してたたんだ生地の1寸(3・03㎝)幅を基本の単位として、これを何本に切るかで1本当たりの切り幅を定めたのだ。その本数をいう時、「切りべら○○本」という言葉を使い、「切りべら二三本《にじゅうさん》」は、長く並そばの標準とされてきた。そば1本の太さ(切り幅)は約1・3㎜で、延しの厚みはこれよりやや厚く、切り口(小口)は縦長の長方形になる。「切りべら」とは、延した生地の厚みより、包丁で切られた幅のほうが薄いことをいう。「切って薄べったくした」という意味である。

並そばの定法を切りべら二三本に定めたのは、江戸のそば職人の「逃げ」であったといわれる。生地を麺棒で延ばすよりも、包丁で切って薄く見せるほうが楽なため、薄く延さずに細いそばを作ってもよいことにしたわけだ。江戸といえばそばで、そば職人の数も多かったため、自分たちに都合のよい定法を定めることができたのだともいわれる。しかし、この太さは江戸っ子好みの「ツルツルとかっ込む」のにちょうどよい太さでもあった

郵便はがき

料金受取人払郵便

本郷局承認

2605

差出有効期間
2020年4月
30日まで
(切手不要)

113-8790

(受取人)
東京都文京区湯島3-26-9
イヤサカビル3F

株式会社 柴田書店

書籍編集部　愛読者係行

フリガナ 芳　名	男 女	年齢 歳
自宅住所 〒　☎		
勤務先名　☎		
勤務先住所 〒		

● 該当事項を○で囲んでください。

【A】業界　1.飲食業　2.菓子店　3.パン店　4.ホテル　5.旅館　6.ペンション　7.民宿　8.その他の宿泊業　9.食品メーカー　10.食品卸業　11.食品小売業　12.厨房製造・販売業　13.建築・設計　14.店舗内装業　15.その他(　　　　　)

【B】Aで15. その他とお答えの方　1.自由業　2.公務員　3.学生　4.主婦　5.その他の製造・販売・サービス業　6.その他

【C】Aで1. 飲食業とお答えの方、業種は?　1.総合食堂　2.給食　3.ファストフード　4.日本料理　5.フランス料理　6.イタリア料理　7.中国料理　8.その他の各国料理　9.居酒屋　10.すし　11.そば・うどん　12.うなぎ　13.喫茶店・カフェ　14.バー　15.ラーメン　16.カレー　17.デリ・惣菜　18.ファミリーレストラン　19.その他

【D】職務　1.管理・運営　2.企画・開発　3.営業・販売　4.宣伝・広報　5.調理　6.設計・デザイン　7.商品管理・流通　8.接客サービス　9.オーナーシェフ　10.その他

【E】役職　1.社長　2.役員　3.管理職　4.専門職　5.社員職員　6.パートアルバイト　7.その他

ご愛読ありがとうございます。今後の参考といたしますので、アンケートにご協力お願いいたします。

◆お買い求めいただいた【本の題名＝タイトル】を教えて下さい

◆何でこの本をお知りになりましたか？

1．新聞広告（新聞名　　　　　　）2．雑誌広告（雑誌名　　　　　　）

3．書店店頭実物　　　　　　　　4．ダイレクトメール

5．その他＿＿＿＿＿＿＿＿＿＿＿＿＿＿＿＿

◆お買い求めいただいた方法は？

1．書店　地区　　　　　　県・書店名＿＿＿＿＿＿＿＿

2．柴田書店直接　　　3．その他＿＿＿＿＿＿＿＿＿＿

◆お買い求めいただいた本についてのご意見をお聞かせ下さい

◆柴田書店の本で、すでにご購入いただいているものは？

◆定期購読をしている新聞や雑誌はなんですか？

◆今後、どんな内容または著者の本をご希望ですか？

◆柴田書店の図書目録を希望しますか？　1．希望する　2．希望しない

●ホームページをご覧ください。URL=http://www.shibatashoten.co.jp
新刊をご案内するメールマガジンの会員登録（無料）ができます。

記入された個人情報は、顧客分析と御希望者への図書目録発送のみに使用させていただきます。

わけだから、仕事のしやすさばかりでなく、食べやすさということも考慮して決められたもの、とも解釈できよう。現在の並そばの太さは店によっての違いはあるが、ほぼこの切りべら二三本が標準になっているとみてよい。

並そばを表す切りべら二三本は、江戸のそば職人の仕事の基本であり、その上にさらに細打ちの標準が定めてあった。中細打ちで30～40本、細打ちが40～50本、極細打ちだと50～60本にもなる。これを1本当たりの切り幅に直すと、30本で約1㎜、40本で0・7㎜、50本で0・6㎜、60本では0・5㎜である。ただ、ここまで細く切るには、正確な延しと包丁の技術だけではなく、精度の高い包丁とまな板、そして、いわゆる定規の役目をするこま板がぜひとも必要である。

江戸のそばの職人仕事には太打ちはなかったため、太打ちについての決まりはとくにない。ここに、江戸のそば職人の、技を競う気風と技術の完成がうかがわれる。

なお、切りべらの反対は、「のしべら」という。薄く延した厚さよりも、包丁で切った切り幅のほうが広い場合に使う。名古屋名物のきしめんの形が、のしべらの代表的なものである。

主な参考資料・『片倉康雄手打そばの技術』

こま板を使って細く均一にそばを切る。

そばの章　技術篇

56 「もり汁」と「かけ汁」の違いとは？

東京を中心とする関東のそば店では古くから、「もり汁」（そばのつけ汁に用いる濃い汁）を「辛汁《からじる》」と、「かけ汁」に用いる薄い汁を「甘汁《あまじる》」と呼んできた。地方や店によって独特の呼び方をしていることも多い。また、もり汁は「からむ汁」と、かけ汁は「吸う汁」とも呼ばれる。もり汁はそばによくからむような汁でなければならず、かけ汁は吸い物として飲んでもおいしい汁がよい、という意味だ。また、つけ汁にはもり汁のほかに、御膳がえし（「上《じょう》がえし」ともいう）を加えてよりまろやかさとコクを加えた「ざる汁」がある。かけ汁については店によって、かけそばに用いるかけ汁と種ものに使う「種汁」❶（かけ汁よりやや薄い）とを作り分けている場合もある。

汁の製法は、作業工程として見れば単純で、一般に東京のそば店では、だしとかえしを別々にとって合わせるだけである。ただ、一見単純な中にも伝統的に完成されたさまざまな製法があり、店によって微妙な違いが出てくる。とくにもり汁は、もりそばが主流の東京では店の特色を表現するための腕のふるいどころ。もり汁が多く出る店が多いため、もり汁を基本の汁とし、それを二番だし(「ばかだし」ともいう)で2～3倍にのばしてかけ汁とすることが多いのも、東京のそば店の特色ともいえる。もり汁用、かけ汁用と2種類のだしを別々にとり、さらにかえしも区別している店もあり、かえしをとらずに、だしに直接調味料を加える店もある。このような汁の製法の違いについては、どれがよいとは一概にいえない。それぞれの店のそばの持ち味によって、汁の相性も変わってくるからだ。

ちなみに、御膳がえしというのは、ふつうのかえしに同量のミリンを混ぜたもので、これを少量もり汁に混ぜてざる汁を作る。この汁を「御膳汁」という。かつてはもりとざるとを明確に区別して汁を使い分けたものだが、最近はそういう店はあまり見られなくなっているようだ。

かけ汁は作りたてがおいしいので、朝作ってその日のうちに使い切るようにするが、もり汁の場合はさらに熟成させてから使う。製法によって熟成させる時間や手順に多少の違いがあるが、おおむね、だしとかえしを合わせてから自然に冷ましながら1日ほどねかせ、さらに湯煎、自然冷却と、手間と時間をかけて仕上げる。この手間と時間によって、だしと調味料とがよりしっくりと馴染み、汁のまろやかさが増す。

主な参考資料・『蕎麦の世界』(薩摩夘一「そばつゆの話」)、『そばの基本技術』

---

❶種汁

種汁がかけ汁に比べてやや薄めにしてあるのは、天ぷらなどの具を入れて火を通すため、汁がやや煮つまることを考慮してのことである。また、冷たい種ものの場合はもり汁、あるいはかけ汁ともり汁の中間くらいの汁を使うのが一般的である。さらに、ていねいな仕事の場合は、鴨南蛮などの脂の強いものはやや濃いめに、おかめなどのようにさっぱりしたものはやや薄めに汁加減を調整する。

57 関東と関西の汁の製法の違いとは？

そばの章　技術篇

関東、関西の伝統的な汁をみると、材料、製法ともに明確な違いがある。そばの汁は、だしと醤油、それに砂糖、ミリンといったシンプルな材料の組み合わせによって作られるが、それだけに、材料の種類の違いが如実に現れる。なかでもその違いが顕著なのが、だしと醤油である。

一般に、関東ではカツオ節のだしと濃口醤油が使われるが、関西ではカツオ節に昆布を合わせただしに淡口醤油を使うのが基本。この違いの背景には、食文化そのものの歴史的な違いがあるわけだが、さらに、関東ではおおむねもりそば中心に発展してきたのに対し、関西ではかけそばやかけうどんがもっぱら好まれてきたことが大きく影響していると考えられる。つまり、関東ではもりそば用の濃厚なからむ汁（もり汁）が中心となり、関西ではかけそばに適した吸う汁（かけ汁）が中心になってきたわけだ。ちなみに、関西ではかつて、そばのかけ汁のことを「うどんだし」と呼んだ。

だしに使われるカツオ節の種類も違う。カツオ節には、カツオの肉を煮たもの（なまり節）を燻して乾燥させた荒節と、荒節の表面を削ったもの（裸節）にさらにカビ付けした枯節とがある。一般に、関東では枯節が中心で、関西では荒節が多く使われる。これについては、荒節は燻臭が強いため香りを重んじる関西の汁に合い、カビ付けされている枯節はだしの口当たりを大事にする関東の汁に合うということが理由の一つとされるが、むろんそれだけで割り切ることはできない。

また、製法の一般的な傾向として、関東がかえしをとるのに対して、関西ではかえしをとらないことが挙げられる。しかし、最近では関西でも、もり汁については関東と同様にかえしをとり、濃厚なからむ汁を作る店が多くなっているようだ。また、かえしをとるとらないにかかわらず、関西では基本はあくまでかけ汁なので、かけ汁、もり汁の2種類の汁をとることになる。そのため、醤油は淡口、濃口の両方を使う店が増えている。

これに対して、関東ではもり汁が基本なのでかえしを1種類とり、これをだしで割ってもり汁、かけ汁とするのが一般的なので、醤油は濃口だけであることが多い。しかし、関東でもかけ汁については関西同様に昆布だしを併用したり、淡口醤油を使う傾向も出てきている。カツオ節のうまみ成分イノシン酸と昆布のうまみ成分グルタミン酸の相乗効果が知られるようになったことも一因といえる。

主な参考資料・『そばの基本技術』、『基礎うどんの技術』

昆布を使ってだしをとる場合は、昆布は沸騰する直前に取り出す。

そばの章　技術篇

58 そば店のだしのとり方とは？

関東風のそば店でのだしのとり方は、関西風、あるいは料理屋風❶の「だしを引く」という感じではなく、長時間だしを「煮つめてとる」といった方法が一般的である。ちなみに、関西のそば店でも昔は煮つめる傾向があったが、最近は料理屋風❶の吸いものだし同様の引き方も見られる。

その違いはまず、使用する削り節❷の厚さに表れている。関東風の店で使うのは、一般にかなり厚削りのものが多く、煮つめる時間に合うよう厚さを細かく指定している店も少なくない。つまり関東では、厚削りの節を使うことによって節のうま味成分を徐々に抽出し、だしの濃度を高めることが主眼となっているわけだ。と同時に、長時間沸騰させて水分をどんどん蒸発させることでだしを濃縮している。これが、関東風そば店独特の、濃いだしのとり方である。

ではなぜ、このようなだしのとり方になったのか。一番の理由は、使用する節の種類にある。関東風のだしの材料は、カツオ節を筆頭にカツオ節とソウダ節、またはサバ節とソウダ節の併用が多いのだが、いずれにして

関東風のそば店では、厚削りのカツオ節を使って長時間煮つめてだしをとる。

もカビ付けを施された枯節がもっぱら用いられる。これに対して関西では、カビ付けを省いた荒節が使われる傾向がある。

枯節が好まれる理由としては、カビが生き物のため、節内の水分を芯から吸い上げて蒸発させ、節を十分に乾燥させていることが挙げられる。よく乾燥した節では、うまみ成分のイノシン酸が酵素によって分解されにくい。また、カビは節内からにじみ出てくる脂肪を分解してしまうから、脂焼けや魚臭さも防げる。さらに、カビ付けにはだし汁がより清澄になる、という効果もあるといわれる。関東風のそば汁は、この枯節の特徴を十分に引き出し、節の中のうまみ成分を完全に近いまでに抽出してこそ本物の味、とされてきた。

よく「汁にコクがある」とか「どうもコクが足りない」などといわれるが、ここでいうコクとは、節のエキス分が十分に出ている、という意味である。このコクは、使う節のよし悪しとか、節の量だけでは説明できず、長時間煮つめることによってしか引き出すことができない、とされる。煮つめる時間については、これといった標準はない。削り節の厚さによっても変わってくるからだが、おおむね30～40分間、長い店では1時間以上かけてとっている。


主な参考資料・『そばの基本技術』、『基礎うどんの技術』

カツオ節の本節の枯節。写真上が雄節(背身)、下が雌節(腹身)。

❶料理屋風の吸いものだしのとり方
日本料理店の吸いものだしの取り方は、昆布を水に入れて火にかけ、沸騰する直前に取り出し、薄削りのカツオ節を入れ、ひと煮立ちしたらすぐに火を止め、カツオ節が沈み始めたところでネル地でこす。カツオ節を煮つめることはしない。

❷削り節
削り節は削りたてほどよい。そこで昔は、ささらで表面をきれいに洗って自店で削ったものである。

59 そばつゆに使われる「かえし」とは？

そばの章 技術篇

「かえし」とは、醤油と砂糖を混ぜたものをいう。「煮かえし」を略した言葉とされる。醤油に火入れをするようになるのは江戸時代初期から中期にかけて。保存性が高まると同時に、味や色もよくなるためだが、この一度「煮た」醤油にもう一度火を入れる、という意味だろう。しかし、そば屋の調味料として考案された時期などはわかっていない。

かえしは、かえし甕《がめ》などの保存容器に入れて一定期間（1週間前後が一般的）ねかせてから使用する。時間をおくことで醤油の角が取れ、味もまろやかになるためで、醤油の劣化を抑える効果もあるとされる。ねかせる場所は、日光が入らない、暗くてひんやりした場所。つまり冷暗所が適しており、かつては「かえし蔵」を厨房の隅などの半地下に造り、かえし甕を7分ほど土に埋めたものという。また、かえしをねかせる間は蓋で密閉をしない。常に空気にさらすことで、醤油特有のツンとするにおいが抜けるからである。

一般に、そば店ではこのかえしとだしを合わせてそばつゆを作るが、そのほか、かえしをベースに、だし、ミリン、酒などを適宜加えて天つゆや丼もののつゆ、タレなどを作り、各種料理に使用しており、それがそば店独特の味わいを生み出している。

かえしはその作り方によって「本がえし」、「生がえし」、「半生がえし」の3種に大別される。

●本がえし――醤油を沸騰させないように加熱して砂糖を煮溶かして作るかえし。東京風のそば店でもっとも一般的なかえしであり、もりつゆ、かけつゆともにこのかえしを使う店が多い。店によっては、ミリンを加えてうまみを増すこともある。

●生がえし――砂糖を水で煮溶かしてから醤油に加えて作るかえし。醤油を加熱しないことからこの名で呼ばれている。醤油自体に火を入れていないため、醤油特有の風味が強く、すっきりとした味わいになるのが特徴である。

●半生がえし――生がえしと本がえしの中間的な作り方のかえし。両者のよさをほどよく生かしたかえしになる。醤油は砂糖を煮溶かす分(3分の2くらいが標準)だけ火を通し、残りの醤油を合わせて作る。

主な参考資料・『蕎麦の事典』

かえし甕

60 ソバの実と花の構造は？

そばの章
原材料・道具・そのほか篇

❶ソバは植物分類学上は❷タデ科のソバ属に分類される。ほかの食用穀類の多くがイネ科やマメ科に属するのに対して、異色の存在である。開花期には畑一面に小さな白い花を咲かせるが、ソバの植物としての特異性は、この花の構造や性質にある。

ソバの茎は主茎と何本かの分枝に分かれ、それぞれの先端に多数の小花が集合した花房をつけるが、これらの花の開花は一様ではない。ふつうは主茎、1次分枝、2次分枝の順に、下のほうから上に向かって花房がつき、早くついた花房から開花が始まる。そのため、イネやムギと違って、最初の開花から咲き終わるまで長期間咲き続ける。この性質を無限花序《むげんかじょ》と呼び、品種と栽培時期が合わない場合、早く成長した実が完全に熟して脱落してもまだ新しい花をつけており、収穫の適期が決められなくなる。

また、❸ソバの花には、めしべが長くおしべが短い長柱花《ちょうちゅうか》と、反対にめしべが短くおしべが長い短柱花《たんちゅうか》とがあり、その比率は1対1で、1本のソバにはどちらか一方の型の花しかつかない。ところが、ソバが結実する

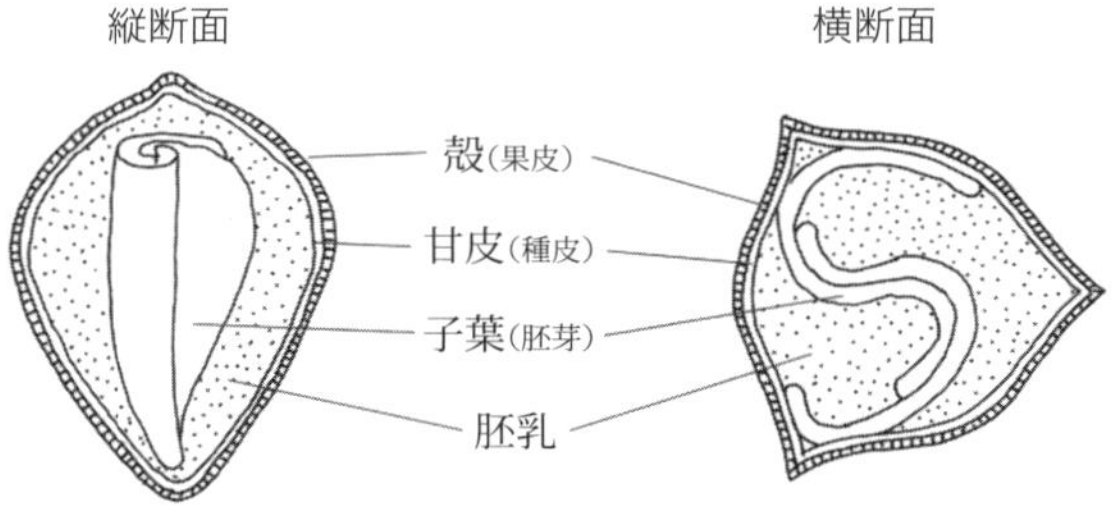

❶ソバ種子の分解図

ためには、異なる花型間の受粉が必要で、長柱花同士、短柱花同士では受粉・結実しない他家受精の構造になっている。だから、ソバは1本だけでは実がならない。

そこで、受粉のためには昆虫による媒介(虫媒)や風による媒介(風媒)が必要となる。そのため、小花には数個の蜜腺があり、ハチやアブを誘うようになっている。しかし、たとえ順調に成育して多くの小花をつけたとしても、開花の盛りに雨が続いたりして訪花昆虫が少ないと、収量が激減するといった事態を招くことになりかねない。無限花序とともに、作物として大変やっかいな性質である。

結実したソバの実は脱穀・乾燥を経て製粉されるが、殻が付いたままの実を玄ソバと呼ぶ。玄とは黒い色という意味である。粒の形はほぼ三角形で、この形状から「そば」(角ばっているとの意)という名称が起こったとされる。玄ソバは収穫後も生きている種実で、発芽に向かうエネルギーを持っている。そのため、貯蔵するには一種の冬眠状態にしておく必要があり、低温恒湿倉庫などで保管される。こうして保存された玄ソバは、成分の化学変化が抑えられているので新鮮さが長く失われず、風味や色調を保ったそば粉を製粉することができる。

主な参考資料・『蕎麦の世界』(長友大「植物としてのソバ」)

---

❷タデ科
ソバのほかに、薬用植物のダイオウ、染料植物のアイ、香辛料に用いられるヤナギタデ、食用にもなるイタドリなどがあるが、多くのものは雑草である。茎に多くの節があるのもタデ科の特徴の一つである。

❸ソバの花の構造

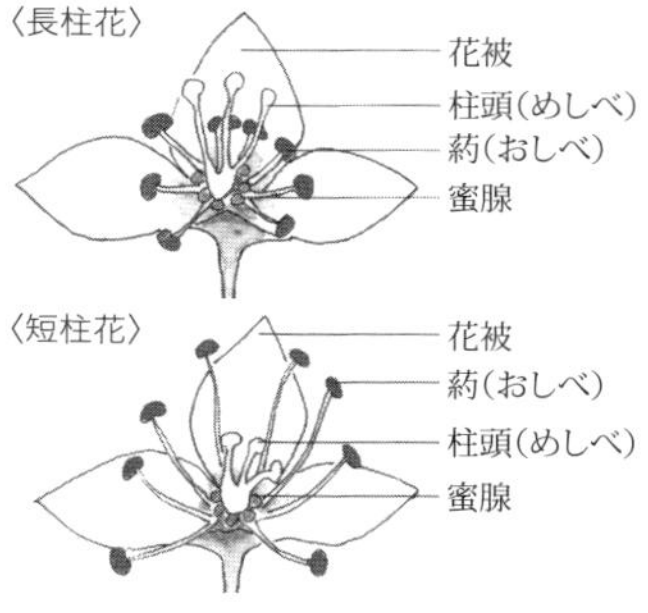

61 ソバとそば湯の栄養成分とは？

ソバは、米や小麦などのほかの穀類と比較して、極めて栄養バランスにすぐれた食品だ。また、❶そば湯にはその栄養成分が豊富に溶け込んでいる。

ソバの栄養成分のうち、もっとも知られ注目されたのはルチンだろう。ルチンは、赤ワインなどに含まれ話題となったポリフェノールの一種で、血管の弾力性を保つ力があり、高血圧症や脳梗塞といった生活習慣病の予防に役立つ物質。ふつうのそば粉１００gには15mg程度が含まれるが、もっとも多く含まれるのは甘皮部分で、ソバ粒の中心部になるほど少なくなる。なお従来、ルチンはその多くが茹で湯の中に溶け出してしまうため、そば湯を飲んだほうがよいといわれていたが、現在は、実際には数％程度しか溶出しないことがわかっている。

また、ソバに含まれるたんぱく質は極めて良質である。人間にはどうしても必要で、しかも体内では合成されないアミノ酸が９種類あり、これらを必須アミノ酸と呼ぶ。人間は必須アミノ酸が一つでも足りなければ、そのアミノ酸量に見合ったたんぱく質しか合成できないが、ソバには必須アミノ酸がすべて十分に揃っている。そのうち、ソバのリシン(リジン)の含有量は米、小麦の3倍近くである。

ソバは、でんぷんの性質という点でも注目される。でんぷんというと肥満が連想されるが、ソバのでんぷんは難消化性という特質を持ち、消化・吸収されにくく、肥満になりにくい。消化が遅く血糖値が上がりにくいため、そばは糖尿病の人にも有用な食べものといえる。難消化性でんぷんは、肥満防止や血中コレステロール値を改善するといわれる食物繊維と似た働きをするが、ソバにはこの食物繊維も多く含まれるうえ、そばとして食べることで、野菜や海藻と違って一度に大量に摂取できるという利点もある。

ビタミン類ではB群が多く含まれ、とくにビタミン欠乏症の一つである脚気《かっけ》の症状改善に役立つB_1が多い。B_1は糖質をエネルギーに変えるために不可欠のビタミンだ。ただし、ソバにはB_{12}だけは含まれず、AとCもまったく存在しないから、ほかの食品でカバーしなければならない。

ミネラルを豊富に含むのもソバの特徴だ。主要なミネラルはカリウム、リン、マグネシウム。とくにカリウムには体内の塩分を排出する働きがあるが、約3割はそば湯に溶け出している。また、不足すると味覚障害を引き起こす亜鉛も、穀物としては多く含まれている。

主な参考資料・『麺食のすすめ』、『改訂そば打ち教本』

❶そば湯
通常は、そばを茹でた茹で湯のことを指す。しかし、その栄養価ということだけでなく、風味をよく味わえるようにと、そば粉を熱湯で溶いて別に作るケースもある。

62 玄ソバの国内の主要産地は？

国内産ソバの生産状況は、明治31年（1898）の作付面積17万8500ha・収穫量13万4200tをピークに漸減傾向をたどり、昭和51年（1976）の作付面積はピーク時の1割強の1万4700haまで落ち込んだ。しかし、その後はソバが稲作転作対策の特定作物に指定されたこともあって復調、増産傾向にあり、平成29年（2017）産の全国での作付面積は6万2900haと、昭和20年代前半頃の規模にまで回復してきている（**表1**参照）。

稲作転作対策は昭和40年代半ばに始まった米の生産調整（減反政策）の一環で、米に代わって自給率の低い作物を作ると補助金が支給される仕組み。その休耕田を利用するための転用作物の一つにソバが指定されたことで、以後、作付面積が飛躍的に増えることとなる。平成24年には全国の作付面積が6万haを上回った（その後は6万ha前後で推移）が、うち水田作は3万9500haで、ソバ作全体での作付割合は約65％であった。なお、昭和50年の水田作は5390haで約30％。転作（水田作）ソバの作付が年々増加したことが作付面積全体を押し上げ、いまや国内産ソバ栽培の中心に

表1／国内産ソバの作付面積の推移

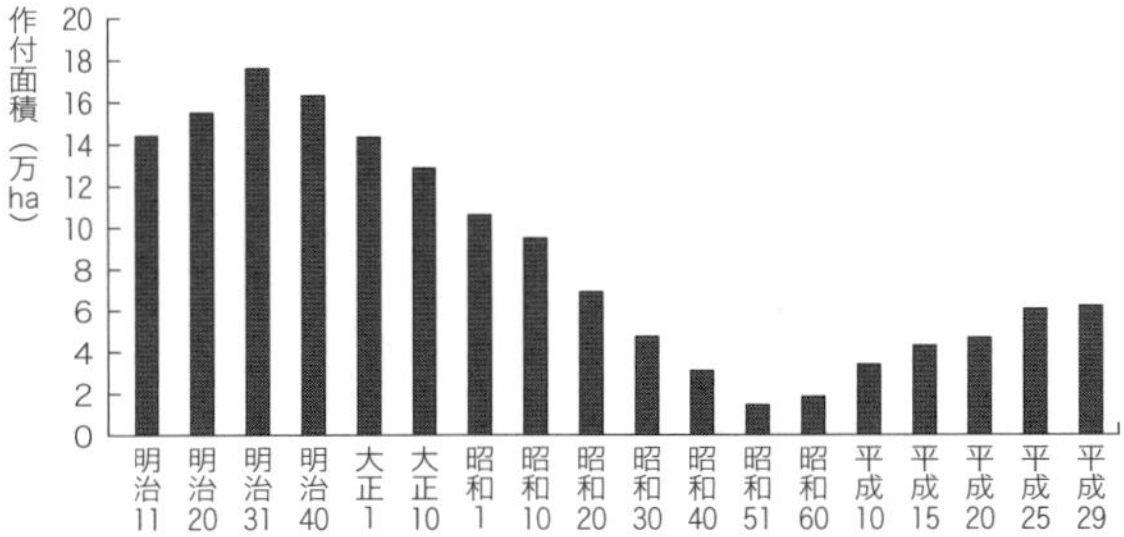

※（一社）日本蕎麦協会資料より作成

なっているわけだが、一方で、ここ数年は減少傾向にあるとはいえ、畑作に比べての低収性や品質面での問題が指摘されているのも事実である。

このように国内産ソバの全体としての生産量は増大しているものの、主要産地には変化が見られる。なかでも目立つのは、南九州（鹿児島県・宮崎県）での作付面積の大幅な減少だ。とくに鹿児島県は、昭和40年代後半頃まで作付面積・収穫量ともに北海道に次ぐ全国第2位の主産地だったが、近年は減少傾向が著しく作付面積は当時の3分の1程度にすぎない。その南九州に代わって作付面積を大きく増やしているのは、山形・福島・秋田の東北3県と長野県、それに福井・新潟の北陸2県。作付面積・収穫量ともにダントツの北海道（平成29年産は2万2900ha・1万7600t）とともに、近年のソバ主要産地の座を占めている（**表2**参照）。

一方、近年では各地に継承される古くからの在来種が注目されるようになっている。粒はやや小ぶりだが味や香りで高く評価される傾向にあり、小規模栽培が多いものの、その動向には興味深いものがある。

主なものは、岩手在来（岩手県）、最上在来（山形県）、福島在来（福島県）、栃木在来（栃木県）、開田《かいだ》在来・戸隠在来・番所《ばんどころ》在来（長野県）、大野在来・丸岡在来（福井県）、横田在来（島根県）、祖谷《いや》在来（徳島県）など。

主な参考資料・『そばデータブック』

表2／主産県のソバの生産状況

作付面積（ha）、収穫量（t）

	平成15年		平成20年		平成25年		平成29年	
	作付面積	収穫量	作付面積	収穫量	作付面積	収穫量	作付面積	収穫量
北海道	12,200	11,100	16,500	11,400	22,200	15,100	22,900	17,600
青　森	2,920	467	2,910	611	1,970	571	1,610	483
岩　手	890	401	889	−	1,660	647	1,760	845
秋　田	1,960	1,060	2,010	704	3,070	1,070	3,730	1,080
山　形	3,020	1,180	3,920	1,610	4,940	1,780	5,100	1,580
福　島	3,740	1,800	3,300	1,910	3,830	1,800	3,860	1,700
茨　城	2,300	2,250	2,280	1,600	2,980	2,150	3,270	1,930
栃　木	1,550	1,550	1,630	994	2,250	1,710	2,490	1,770
長　野	2,690	1,860	2,660	2,130	3,890	2,680	4,190	2,180
福　井	1,850	1,200	2,710	1,420	3,850	1,120	3,700	814
全国合計	43,500	28,100	47,300	−	61,400	33,400	62,900	33,900

注：収穫量の平成20年は、全国調査不実施

※（一社）日本蕎麦協会資料より作成

そばの章

原材料・道具・そのほか篇

63 玄ソバの海外からの輸入先は？

玄ソバ（殻が付いたままのソバの実）の輸入❶は昭和27年（*1952*）に始まり、30年頃から大幅な増加傾向を示した。当時、国内でのソバの作付は年々減少していた。40年代半ば以降はとくに減少傾向が顕著となり、45年の作付面積はついに2万haを切り、20年（約7万ha）の3分の1以下となった。この玄ソバの供給不足に呼応して輸入量が増加。43年にはついに輸入量が国内産の生産量を上回るに至り、一時は玄ソバの国内需要の80％を占めた（自給率20％以下）。しかし、その後は国内産の生産量が増加に転じたこともあり、輸入もののシェアは減少傾向となっている。平成27年（*2015*）の国内産玄ソバの生産量は3万4800t。これに対して、輸入量は5万4800tであった（自給率は約39％）。主な輸入先国は中国、アメリカ、ロシアの3国で、その合計だけで全輸入量の90％を超える。

輸入量が急増し始めた40年代後半から50年代はカナダからの輸入量がもっとも多かったが、その後、中国からの輸入が拡大。60年には従来の1万t台から一気に4万5000t台に激増し、平成6年以降は8万t前

表／ソバの国別輸入数量

単位（t）

	中国	アメリカ	ロシア	ほか	総合計
平成25年	73,815	14,426	145	723	89,109
平成26年	86,804	9,907	6,765	1,568	105,044
平成27年	70,142	17,730	11,424	2,383	101,679
平成28年	65,690	21,815	4,141	3,191	94,838
平成29年	75,669	18,113	7,260	2,906	103,948

注1：年は1～12月

注2：玄ソバとむき実の合計（むき実は玄ソバに換算）

資料／財務省（貿易統計）

後(同年のアメリカからの輸入量は約1万1800t)で推移してきた。しかし20年代以降、中国からの玄ソバの輸入量は減少傾向にあり、22年には5万tを超えていたが、27年には約2万3300tと半減している。

ただし、減少しているのは玄ソバでの輸入だけで、抜き(むき実)の形での輸入は急増している。これは最近の輸入動向の大きな特徴でもあり、そのほとんどは中国産。24年には初めて玄ソバの輸入量を上回った(玄ソバ換算重量❷で約3万8700t)。その後もほぼ横ばいながら、抜きでの輸入量が玄ソバをしのぐ傾向が続いており、輸入総量(**表**参照)としての中国産の圧倒的優位は変わっていない。

カナダからの輸入は21年以降ほとんど途絶えているが、代わってここ数年来、ロシアからの輸入が目立つようになっている。25年にはわずか145tにすぎなかったのが、27年には約1万1000tと大幅な伸びを示した。とはいえ、翌28年には約4000tにまで落ち込んでおり、将来的な予測は難しい状況のようだ。一方、アメリカ産の輸入量は比較的安定しており、22年が約1万6900t、27年は約1万7700tであった。

そのほかの輸入先国は、オーストラリア、ニュージーランド、ウクライナ、モンゴルなど。

主な参考資料・『そばの基本技術』(氏原暉男「そばの主原料」)、『そばデータブック』

---

❶国内のソバの作付面積
132頁の**表1**参照。

❷玄ソバ換算重量
抜きの量を玄ソバの量に換算するための割り戻しの換算率。玄ソバを抜きに加工する際の歩留まり重量が75・9%程度とされていることから、0・759が使用されている。抜きの量をこの数字で割ったものが玄ソバ換算重量になる。

64 在来種と登録品種のソバの違いとは？

国産ソバには在来種と登録品種とがある。在来種とは、各地域で長年にわたって栽培されてきたソバで、古くから祖谷《いや》ソバ、黒姫ソバなど、その土地の地名をつけて呼び習わされてきたソバである。また、実の形状（大ソバ、小ソバなど）や収穫時期（夏ソバ、秋ソバなど）で区別されてきたものもある。つまり、その地域・地方の風土に適応したソバといえる。現在、その存在が確認されているものだけでも全国に170種類近くにのぼる。しかしながら、これらの名称はあくまで便宜上の分類や俗称であって、厳密な意味での品種ではない。

ただし、こうした在来系統、あるいは地域在来のソバを簡単に選抜・普及した伝統品種が戦前からある。大正7年（*1918*）に青森県で育成された階上早生《はしかみわせ》、同8年の最上早生《もがみわせ》（山形県）、昭和5年（*1930*）の牡丹そば（北海道）、同19年の信濃1号（長野県）などで、いずれも農業試験場が品種改良したものだ。ほかにも❶金砂郷在来《かなさごう》（茨城県）、❷鹿屋在来《かのや》（鹿児島県）、❸宮崎在来（宮崎県）などのように、各地のソバ産地で在来種系統の個別化が行われてきた。

---

❶**金砂郷在来**
古くから茨城県下で栽培されてきた在来種。選抜育成し、昭和62年に「常陸秋そば」の名で品種登録。

一方で、昭和50年代後半頃から、年々落ち込んでいた国産ソバの収量増加やソバによる地域おこしの動きが各地に広まり、さまざまな新品種が開発され、農林水産省に品種登録されるようになった。❹種苗法も改正され、従来の農業試験場による開発だけでなく民間育種にも門戸が開かれたため、飛躍的に新品種が開発・登録されるようになった。昭和57年から平成26年(*2014*)まで、約30年の間に登録された新品種は46品種(うちダッタンソバが13品種)に上る。これら種苗法によって登録されたもの❺が登録品種と呼ばれるもので、茨城の常陸《ひたち》秋そばや北海道のキタワセソバなどは広く知られている。

品種として登録されるための条件は、①均一性(同世代でその形質が十分類似している)、②区別性(ほかの種と明確に区別できる)、③安定性(次の世代に安定して伝わる)である。

近年は、県などによる地域ブランド化の気運も高まっており、でわかおり(山形)、開田《かいだ》早生(長野)、会津のかおり(福島)など、各地で実績を上げつつある。また、健康志向の高まりをうけて、体によい成分の含量の多い品種やダッタンソバの新開発も目立つ。こうした傾向は農家の栽培品種の選択肢を広げ、国産ソバの増産にもつながっているようだ。

主な参考資料・『そばうどん』2016号

❷鹿屋在来
変異株を選抜育成し、平成22年に「宮崎早生かおり」の名で品種登録。

❸宮崎在来
宮崎大学農学部がこの種子をもとに、四倍体(染色体数を人為的に倍加させた品種)の新品種第1号の「みやざきおおつぶ」を育成。昭和57年に品種登録。

❹種苗法
植物の新品種について、その権利保護のための品種登録などを規定した法律。昭和53年に制定し、平成10年に全面改正された。

❺登録された新品種
新品種の一覧は、(一社)日本蕎麦協会が農林水産省の資料をもとに年1回刊行する『そばデータブック(そば関係資料)』で見ることができる。また、各品種の詳細に関しては、農林水産省の品種登録迅速化総合電化システムを参照のこと。

そばの章

原材料・道具・そのほか篇

65 「夏ソバ」、「秋ソバ」、そして「春ソバ」とは？

昔からのソバの呼び名として「夏ソバ」、「秋ソバ」がある。これは収穫に適した時期から呼び習わされてきた名称であり、品種名ではない。明確な定義があるわけではなく、ソバの栽培型による大まかな分類だ。東京で暑い盛りに出回るのは夏ソバである。地方によっては昔から、旧盆の振る舞いに穫れたてのソバが間に合うように、日数を逆算して種を播いたものという。

一方、作物としての生態型で見ると、ソバは「夏型」、「秋型」、「中間型」の三つの型に分類される。夏型とは、❶長日《ちょうじつ》高温下で成熟するタイプのソバで、生育期間は短い。主に北海道で栽培されているキタワセソバや牡丹そばなどがこれに当たる。秋型は短日《たんじつ》条件下で成熟するタイプで、育成期間が長い。古くから西日本で栽培されており、九州の鹿屋《かのや》在来などが知られる。中間型は、これら二つの生態型の中間的な特性を持つソバで、信濃1号や常陸秋そばが代表的な品種だ。ともすると、夏ソバ、秋ソバといった栽培型と生態型は混同されがちだが、まったく別の分類である。

従来、夏ソバの収穫時期は6月中旬頃から8月中旬にかけて、秋ソバは9月後半から11月頃というのが一般的な目安だったが、新品種の開発が進んだこともあり、近年は栽培型が多様化している。とくに、夏ソバの播種時期が遅くなり、夏ソバと分類されても生態型としては中間型に移行している傾向にあるようだ。次に、主な品種の標準的な栽培時期を挙げる。

夏型のキタワセソバは6月中旬に播種して9月中に収穫。秋型の鹿屋在来は8月下旬から9月上旬に播種して11月中に収穫。中間型の信濃1号は7月下旬から8月中旬に播種して10月中旬から11月上旬に収穫する。

なお、昔から「新そば」❷と呼ぶのは秋に出回り始める秋ソバのことで、初ものでも夏ソバは本来は新そばとはいわない。

ところで、ここ数年ほど「春ソバ」が出回るようになって、そば好きに注目されている。春ソバとは春播き栽培のソバのことで、おおむね3月中旬から4月上旬に播種し、梅雨前期の6月中・下旬頃には収穫する。日が長くなっていく時期に栽培するため、キタワセソバなどの夏型ないしは夏型により近い中間型の品種が適しているとされる。平成22年(2010)に品種登録された春のいぶきは春播き栽培用に開発された品種であり、九州各地で栽培が広まり、徐々に成果を上げてきているようである。

主な参考資料・『そばの基本技術』(氏原暉男「そばの主原料」)、『蕎麦匠心得』

---

❶長日と短日

長日植物とは日照時間が長くなると花をつける植物。短日植物は日照時間が短くなると花をつける植物。ソバは基本的に、短日条件によって開花が促進される短日性の植物である。秋型品種は短日条件に敏感に反応するのに対し、夏型品種は日長にあまり左右されないため、長日条件の栽培にも適している。

❷新そば

古川柳に「蕎麦の花咲かぬうちから言ひ合はせ」とあるのは、早くから新そばを待ちこがれていた江戸っ子の心理を表したものだろう。

66 ダッタンソバと普通ソバの違いとは？

そばの章　原材料・道具・そのほか篇

植物としてのソバは、一般に次の3種に大別される。

・栽培種─┬─①普通ソバ（普通種）
　　　　　└─②ダッタンソバ（ダッタン種）
・野生種──③❶宿根《しゅっこん》ソバ（宿根種）

このうち、日本をはじめ世界各国で栽培されているのは普通種で、たんにソバという場合はこれを指す。ダッタンソバ（韃靼蕎麦）は別名「ニガソバ」（苦蕎麦）ともいう。食べると苦みが強いことからである。普通種のソバは香りと味が甘いので、古くから「甜蕎《てんきょう》」、「甜蕎麦《てんきょうばく》」、「甜莜麦《てんきょうばく》」などといい、ダッタン種のニガソバと区別されているが、どちらの種も1年生草本である。宿根ソバは「シャクチリソバ」とも呼ばれる。

従来、普通種の原産地は、寒帯を除く東アジアの北部、とくにアムール川（黒竜江）の上流沿岸、満州、ダウリア、バイカル湖にわたる地域、あるいは中央アジアとされてきた。しかし最近では、中国の三江地域（雲南省、四川省、チベット自治区東部の境界地域）を発祥地とする京都大学名誉教

ダッタンソバの花房と種子

授・大西近江の説が有力である。

ダッタン種については、ダッタン(現在のモンゴル)を原産地とする説も唱えられたが、現在では普通種とおおむね一致するのではないかと考えられている。

日本ではソバというと普通種のイメージが定着しているために意外と知られていないが、ダッタン種は、中国、韓国と北朝鮮の一部、モンゴル、ヒマラヤならびにインド周辺の諸国、東欧諸国などで、食用や飼料用として古くから栽培されている。ソバの学名(Fagopyrum esculentum)は、「食用のブナの実に似た穀物」という意味で、普通種の実はたしかにブナの実に似た三角稜形だが、ダッタン種の実は稜があまり発達せず、むしろ小麦の種実によく似ている。ダッタン種の花の色は普通種の白に対して淡緑色であり、さらにダッタン種は自家受粉作物であるなど、いろいろな点で普通種との違いがある。

ダッタンソバは特有の苦みが強いせいか、調理法も国や地方によって多様であるが、近年は、多量に含まれるルチンなどの食効が広く知られるようになり、そばとして食べられる以外に、そば茶、乾麺のほか、パン、ケーキなどの菓子類にも利用されるようになっている。


主な参考資料・『蕎麦の世界』(長友大「植物としてのソバ」)、『改訂そば打ち教本』、『そばうどん』33号

宿根ソバの花房

❶宿根ソバ
宿根ソバは多年生で、別名シャクチリソバ。明治時代に中国から薬草として導入されたが、若葉が食用になるため「野菜ソバ」とも呼ばれる。冬は地上部の茎葉は枯れてしまうが、春になると地下の根茎から次々と新しい芽が出て一面に広がる。

67 赤い花を咲かせるソバの品種もある？

そばの章

原材料・道具・そのほか篇

中国唐代の詩人・白居易《はくきょい》の詩「村夜《そんや》」の一節に、「月明らかにして蕎麦花雪の如し」。江戸川柳にも「そばの花浅間のすその秋の雪」。ソバの花といえば白色というのが古来常識だった。その常識をくつがえし、真紅の花を咲かせて話題となったのが、平成5年(1993)に品種登録された高嶺《たかね》ルビーである。

信州大学教授・氏原暉男《あきお》が山岳地帯のソバの調査でネパールを訪れた際、チベットの国境沿いにある標高3800mの村で、赤いソバの花が谷間全体を覆っている光景を目撃。品種改良の素材にしようと日本へ持ち帰った。これが高嶺ルビー開発のきっかけとなった。

さっそく長野県で試験栽培してみたものの、現地のような赤色にはならず、ほんのりピンク色になる程度だった。現地での開花期の温度を調査したところ、昼夜の気温差が20℃近いことがわかる。再度、気温差が15℃くらいになる初秋に播種してみると、完全ではないがほぼ現地に近い赤色の花を咲かせることができた。そこで、赤色個体のみを選抜し、育種を開始

チベット国境沿いの標高3800mのネパールの村では、赤いソバの花が谷間全体を覆う。

したという。これが赤い花を咲かせる品種開発の事始めであった。

ただ播種期が遅いため、完熟した種子はほとんど得られない。一方で、品種として固定するにはかなりの数の種子が必要となる。さまざまな試行錯誤を繰り返した末の平成2年、ようやく新品種としての登録出願にこぎつけたそうである。

その後も、中国からの輸入ソバより選抜育成された信永レッドや、あきあかねといった赤花の品種が登録されており、高嶺ルビーの改良型である高嶺ルビー2011も登場した。

これら赤花種のソバは食用としてよりむしろ、景観形成作物として注目され、主にそば祭りや観光用として利用されているようだ。たとえば、白花のソバを同時に播けば紅白の花畑となる。ただし、その場合は白花のソバと交雑してしまうため、翌年からは赤花種の種子として使えない。忘れてはならないのは、ソバは他殖性虫媒植物❶ゆえに容易に交雑するということである。そのため、ほかの白花種の品種特性を劣化させる系統になる可能性も指摘されている。したがって、播種する際には、前もって近隣にふつうの白花のソバ畑があるかどうかを確認しておく必要があり、これは家庭での園芸・観賞用の場合も同様だ。

主な参考資料・『そばうどん』34号・2016号

❶他殖性虫媒植物

ソバは個体によって花の構造が2つのタイプに分かれる。めしべの長さがおしべより長い長柱花と、おしべより短い短柱花で、このタイプの異なる個体間でしか受精・結実しない。そのため、受粉のためには訪花昆虫による媒介(虫媒)や風による媒介(風媒)が不可欠であり、収量が安定しないと同時に他品種と交雑しやすい。

そばの章 原材料・道具・そのほか篇

68 「一番粉」、「二番粉」、「三番粉」とは?

玄ソバは、外側から中心に向かって殻(果皮。外皮ともいう)、甘皮(種皮)、胚乳部、子葉部(胚芽)という順で構成されている。ソバの実(抜き)は、玄ソバから殻を取り除いたもので、現代のソバ製粉ではこの抜きを段階的に挽きながらふるい分け、何種類かのそば粉にしていく。その時、どの部分が含まれるかで、そば粉の色や持ち味が決まる。

●一番粉――抜き、あるいは割れ(玄ソバから殻を取る時に割れてしまったソバの実)を軽く粗挽きすると、胚乳の中心部が砕けてくる。これを篩《ふるい》にかけて選別された粉で、内層粉ともいう。色は白く、でんぷんが主体なので、いかにもソバといった風味はないが、特有のほのかな甘みや香りのあるそばができる。たんぱく質がほとんど含まれていないため極めてつながりにくく、湯ごねで打つ。この一番粉❶とさらしな粉が混同されているきらいもあるが、厳密な意味でのさらしな粉は製粉方法が違う。

●❷二番粉――さらに挽砕《ばんさい》を続けると、一番粉にならなかった胚乳部や子葉部が砕けてくる。これを篩にかけて取り出した粉が二番粉で、ソバら

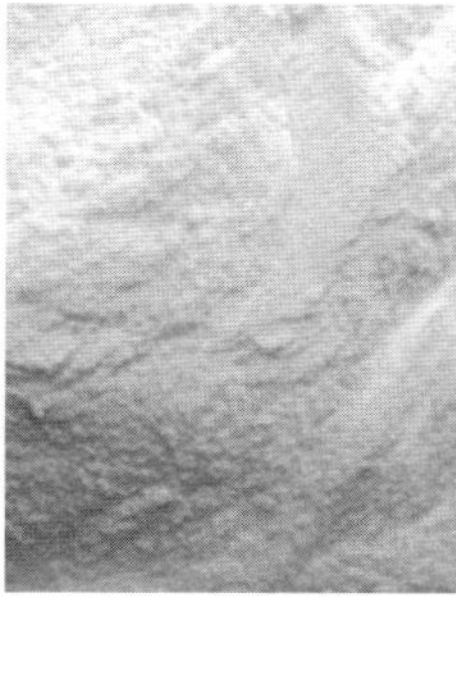
一番粉

三番粉

しい香りや風味にすぐれ、色は淡い緑黄色を帯びている。中層粉ともい、栄養価にも富んでいる。

●三番粉――二番粉まで取り分けた残りの部分から挽き出される粉で、この段階になると甘皮の部分も一緒に挽き出されてくる。表層粉ともい、挽きたてで鮮度のよい時は、やや緑色を帯びている。ソバ本来の香りは一番強く、栄養価も高いが、繊維質が多く味や食感は劣る。

●末粉《すえこ》❸――最後に取られる粉で、甘皮や子葉部からなる。一般に、そば粉として使用されるのは三番粉までで、末粉は主に乾麺や生麺用として利用されている。また、殻の細片や繊維質が多くて食用にならないものは「さなご」と呼ばれる。

●挽きぐるみ❹――昔は殻が付いたままで石臼などで挽き、それから篩にかけて殻を取り除いていたが、この方法だと殻を完全に除去することができないため黒っぽい粉になる。昔はこの粉を挽きぐるみといい、ボソボソした食感のそばになり、いわゆる「田舎そば」や「馬方《うまかた》そば」はこれだった。ただし、現在挽きぐるみと呼ばれている粉は、殻を完全に取り除いてから製粉している。しかし、甘皮まで一緒に挽き込んでいるから、色は黒っぽく野趣に富んだそばになる。この粉は全層粉ともいう。

主な参考資料・『そばの基本技術』（氏原暉男「そばの主原料」）

---

❶さらしな粉
146頁の項目**69**参照。

❷二番粉
一般のそば店では、二番粉以下の粉を混合した「並み粉」（標準粉）が使用されており、その混合割合によって細かく区分されている。

❸末粉
103頁の脚注❸参照。

❹挽きぐるみ
三番粉まで挽き込む黒っぽいそばとしては、出雲そば（46頁の項目**19**参照）が有名。

そばの章

原材料・道具・そのほか篇

69 「さらしな粉」とはどんなそば粉か？

「さらしな粉」とは、真っ白なさらしなそばや変わりそばの中でも色物に用いられるそば粉のことで、「御膳粉」ともいう。さらしなそばの見た目の美しさと舌触りのよさは格別である。本来の意味でのさらしな粉は、色が真っ白なだけでなく、ホシ（甘皮やソバ殻の微粉）がまったくないそば粉を指す。ソバの実から挽かれるからそば粉には違いないのだが、そばらしい色や香りはなく、別のいい方をすれば、高純度のでんぷん粉ということができる。そのため、製粉には最高度の技術が要求され、手間もかかる。それでいてごく少量しか取れないので、値段は高い。いわゆる一番粉（内層粉）も同様に白色のため、一番粉をさらしな粉と称しているケースが多いようだが、本来のものは製粉方法からして違う。

さらしな粉の製粉方法の概略は次の通り。まず、殻を完全に取り除いたきれいな抜きを石臼にかけ、軽く挽き割る。すると、割れの程度によって「上《じょう》割れ」、「小《こ》割れ」、さらに細かい粒や子葉部分などに分かれる。上割れとは五つくらいに割れたもので、小割れとはさらに細かに割れたものである。これらを篩《ふるい》にかけて上割れのみを別に取り、ほとんど目を立てていないスムースロールで軽く挽くと、さらしな粉が取れる。石臼の場合は、「置き上げ」といって上臼をほんの少し(ハガキ1枚分くらい)浮かせて、軽く製粉する。しかし、多くの製粉所では、ふつうに一番粉を取る一番ロール機で抜きを挽いた段階で、篩にかけて取り分けている。

さらしな粉は高純度のでんぷん粉であるため、そば粉が自然に持っているつなぎの力であるたんぱく質を利用することができない。そこで、でんぷんを糊化❸(α化《アルファ》)してつなぎとめる湯ごねの手法が編み出されたわけだが、さらしな粉の湯ごねは、ふつうのそば粉がつながりにくい時に行われる湯ごねに比べ、よりいっそう高度な技術を要する。ほぼ沸騰状態に近い熱湯で、しっかりと糊化されたそばがきを作り、これをつなぎにして(友つなぎ❹)こねていくのだが、このそばがき作りが完全でないと、つやがありよく締まったさらしなそばにはならないのである。

本来の純正なさらしな粉の生粉《きこ》打ちは至難の技とされ、しかも茹で上げた後のそばの乾きが極度に早く商品としても難しいため、「幻のそば」ともいわれる。そのため、ふつうはつなぎとして小麦の薄力粉を2~3割ほど加えて打つ。

主な参考資料・『そばの基本技術』(氏原暉男「そばの主原料」)、『片倉康雄手打そばの技術』

---

❶さらしな粉の特徴
主な特徴は以下のとおり。
- 手触りがキリキリしている
- 足(粘り)がない
- 製麺時の加水量はいちばん多い
- 茹で時間が短い
- そばにすると、口当たりが爽やかで歯にもろい
- 食べた後、胃にもたれない

❷色物
82頁の項目**37**参照。

❸α化
159頁の脚注❷参照。

❹友つなぎ
そば粉を「糊」としてそばをつなげる方法で、そば粉を「仲間」のそば粉(友粉)でつなげることからの名称。そば粉を鍋に入れ、水で溶いてから火にかけ、よくかき混ぜてゆるい糊状にする。これを水代わりにそば粉に練り込む。生粉(きこ)打ち、ことにさらしなそばを生粉打ちにする場合に用いられる手法である。

そばの章

原材料・道具・そのほか篇

70 石臼挽きとロール挽きのそば粉の違いは？

昔から玄ソバの製粉は石臼によるのがふつうで、農家では各家庭で石臼が用いられていた。つまり、石臼で玄ソバを挽きつぶして粉にし、これをさらに篩《ふるい》にかけて殻の部分や不可食性の繊維部分を除去してそば粉を取るという方法で、いわゆる「挽きぐるみ」❶といわれるそば粉ができる。挽きぐるみとは、製粉時に一番粉、二番粉、三番粉といった粉の取り分けを行わずにそのまま挽き込んだそば粉をいう。昔は殻を付けたまま石臼で挽いて、その後で殻を篩で取り除いたわけだが、篩では殻を完全に除去できないため、黒っぽく、ボソボソするそば粉になった。現在は効率がよく、そば粉を段階的に取り分けることのできる連続製粉方式のロール製粉が主流だが、高級そば粉の製粉や自家製粉では石臼製粉も行われている。

さて、なぜ石臼で挽いたそば粉のほうが、ロール製粉のそれより高く評価されるのか。その理由としては、石臼製粉では「粉焼け」がほとんどないことが第一に挙げられる。そば粉は熱に対して大変敏感で、製粉時に高熱が発生すると風味は著しく落ちてしまう。一般に、高速製粉機の回転ス

電動石臼製粉機

ピードは、石臼のそれの10倍～100倍にもなる。そのため、ロール製粉では瞬間的に非常な高熱がソバの実の局部で発生するが、石臼は能率が悪い代わりにこの心配が少ない。ロールが円の接点で粉砕するのに対して、石臼が面と面とでゆっくりと粉砕していくことも関係がある。

ただ、石臼で挽く場合でも、ある程度の摩擦熱は発生する。したがって、粉にできるだけ熱が加わらないように、臼の溝の切り方や目立てを調整し、原料の投入量や臼の回転数にも慎重な配慮が必要である。昔は手回しか水車の力で臼を回し、臼の重みを利用して粉にしたが、現在は電動の石臼製粉機が主流になっている。

石臼挽きの粉が評価されるそのほかの理由としては、石臼面にソバの実を閉じ込めた状態のまま粉にしていくため香りが飛びづらいことや、角の取れた丸い粒子になり、大きい粒子の周りに微粒子をまぶしたような状態で製粉されることがそば打ちの練りの段階でよい効果を発揮すると考えられている。一般に、石臼挽きのそば粉は、ロール製粉の一定した粒子の粉に比べて、不揃いで見た目には悪い。しかし、手で持ってみた感じはしっとりとしており、熱による水分の蒸発が少ないことがわかる。これに対して、ロール製粉の粉はサラッとした感じの手触りである。

主な参考資料・『そばの基本技術』（氏原暉男「そばの主原料」）

そば製粉工場で使われているロール式製粉機。2本の回転速度の異なるローラーの間に丸抜きを通して粉砕する。近年のロール製粉機は、ローラーの芯部に水を循環させて摩擦熱の上昇を抑えている。

❶挽きぐるみ
144頁の項目**68**参照。

71 石臼の構造と仕組みは？

そばの章

原材料・道具・そのほか篇

日本では長い間、回転式の石臼が発達せず、農家の必需品として普及するようになったのは、江戸時代中期以後のこととされる。それ以前の石臼の記録としては『日本書紀』や、『養老律令』の官撰注釈書である『職員令義解』(元慶7年[883])に「碾磑《てんがい》」と呼ばれた、臼と想像される道具の記述があり、また、鎌倉時代には抹茶を挽くための回転式石臼(茶磨《ちゃうす》)が使われたといわれるが、いずれも庶民には無縁の道具だったようである。

さて、江戸時代半ば頃、農家に石臼が普及するようになると、❶農村の食生活は大きく変化したと考えられる。小麦やソバを製粉して、ハレの日のごちそうとしての麺類を作ることができるようになったからである。

江戸時代に普及した石臼には、石材や形態に地方色が濃い。石材に違いがあるのは、それぞれの地方で入手しやすく、かつ臼に適した石が選ばれたからである。言い換えれば、その地域でもっともありふれた石だったことが多い。必需品であれば当然のなりゆきだろう。

形態上の地方性はかなり明瞭で、目のパターンから8分画と6分画の地

図1／日本の伝統的石臼の構造

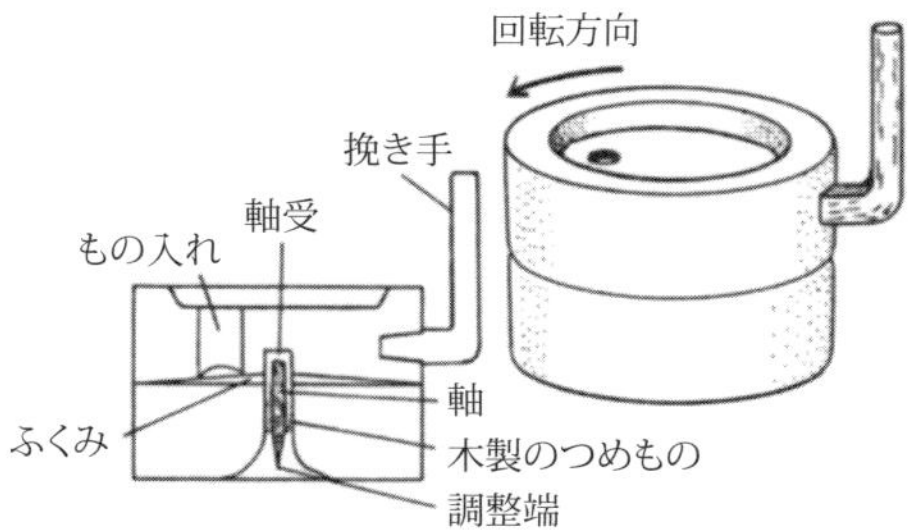

域に分けられる。近畿、中部圏は8分画が主流で、九州、関東、東北は6分画が多い。また、挽き手の取り付け方や、竹製のたがの有無および巻き方、あるいは臼の外観（もっこり型、扁平型）などにも、地方による特徴がはっきりと表れており、江戸時代の文化圏分布がうかがえる。

このような石臼の地方性をなぞっていくと、人の移動や地域間の交流がわかるという。たとえば、近江では信州の特徴を備えた石臼が数多く確認されているが、これは機織《はたお》りの女工が近江に嫁入りすることが多かったせいとされる。嫁いでいく娘に、母親が挽き慣れた石臼を嫁入り道具として持たせた例は、ほかの地方でも見られる。

現在、日本に伝わっている石臼の一般的な構造は、**図1**のとおりである。上臼と下臼には**図2**のような幾何学模様の目が刻まれており（図は8分画）、上下の臼の目を重ね合わせると、目の刻み方向は上下で反対になる。そこで上臼を一定方向に回転させると、それぞれの目の交点は、外周方向へ移動する。そのため、上下の臼の間にあるソバや小麦の粉は外周方向へ送り出されるのである。

上臼の回転方向は逆時計回りが圧倒的に多いが、なぜか新潟・佐渡島だけは時計方向回しである。

主な参考資料・『文化手類学ことはじめ』、『蕎麦の世界』（三輪茂雄「そばと石臼」）

図2

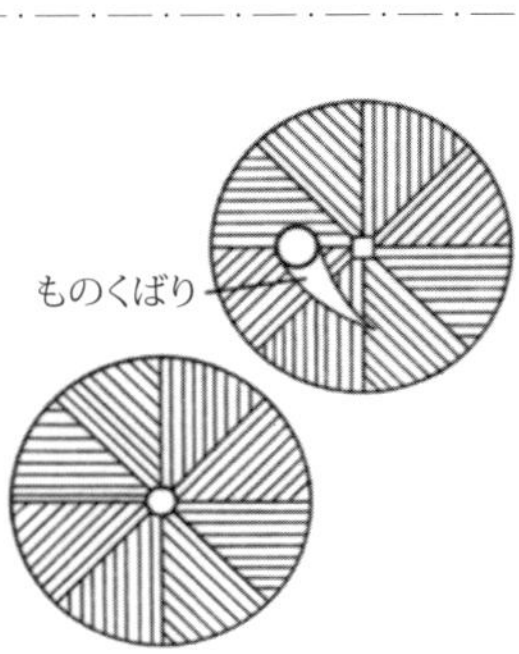

上段が上臼、下段が下臼

❶農村の食生活の変化
江戸をはじめとする都市でそば切りが大衆食として普及するのは、農村の食生活が変化したすぐ後のことと推定されている。

72 そば包丁とうどん包丁の違いとは？

そばの章
原材料・道具・そのほか篇

そばを切るための専用の包丁（そば切り包丁）は古くからあり、おおむね刃幅が非常に広いのが特徴である。元禄9年（1696）刊の『茶之湯献立指南』ではすでに、そば切り包丁としてほかの包丁からは独立して紹介されている。これは、天地幅の約3倍が切り刃の長さ、約5倍が全長のもので、これに似た形のそば切り包丁は現在でも地方で見ることができる。

一方、ソバの産地では昔から、そば打ちは家庭の主婦の仕事だったので、小型で軽い包丁が使われてきた。たとえば、福島県南会津地方の❶檜枝岐《ひのえまた》の裁ちそばでは、何の変哲もない菜切り包丁が使われている。そのほか、長刀《なぎなた》型のもの（東北地方）や、長方形の刃の上部中央に穴をあけて握り手としているもの（福島県）、まき割り包丁とも称される重くて大型のものなどもあり、千差万別である。

そば切り包丁としてもっとも典型的なものは、江戸時代から今日まで続いている東京流の包丁で、もっとも洗練された形といわれている。刃が柄の部分の真下まで伸びている形で、刃の先端は上下ともほぼ直角である。

柄に白鮫の皮を巻いた江戸のそば切り包丁

また、刃が片刃なのも特徴❷。柄の部分は、木製の柄を付けたものや荒縄で巻いたものなどがあるが、高級品では刀の柄《つか》に使う白鮫の皮を巻き付けたものもある。白鮫の皮は手がすべることがなく、大変使いやすい。天地幅11cm、長さ33cm、重さ1kgが標準的なサイズである。そばは約7寸(約21cm)にたたんで切るため、刃の長さは1尺(約30cm)くらいが切りやすいとされる。

そば切り包丁が独自の発展を遂げているのに対して、正式なうどん切り包丁というものはない。そばよりはるかに古くから作られてきたのに不思議な話ではあるが、理由は不明。うどん店ではふつう、そば切り包丁の柄を長くしたような形のものを使い、それを「うどん包丁」と呼んでいることが多いようだ。ただし、刃の形は一見似ているが、そば切り包丁が片刃であるのに対し、うどんのほうは両刃になっている。重さは通常、うどん包丁のほうがそば切り包丁よりやや軽めの傾向がある。

また一般に、そば打ちではこま板を当てて切るのに対して、うどんの場合は手ごま(中指の第1関節が包丁の側面に接するようにする)で切ることも、そばとうどんの大きな違いである。なお、東京流では、うどんを打つ場合でもこま板を使う。

主な参考資料・『そばの基本技術』、『うどんの基本技術』

---

❶檜枝岐の裁ちそば
54頁の項目**23**参照。

❷片刃
東京流のそば打ちでは、生地の1寸(3・03cm)の幅を23本に切る「切りべら二三本」(118頁の項目**55**参照)を並そばの標準とするように、細打ちの技術が重んじられる。そのため、こま板に沿って垂直に包丁を下ろす必要があるが、刃の脇肉が盛り上がっていては切りにくいうえにそばの角をつぶしてしまう危険性もある。片刃なのはそのためで、刃自体も薄刃になっている。

73 そばを切る時に使う「こま板」とは？

延したそば、うどんの生地を包丁で切る際に用いる木製の定規をこま板といい、「小間板」、「駒板」と書くこともある。

材質はスギ、ヒノキ、キリ、ヒバ、カリンなどで、薄く削った板の端に堅木の定規（「立ち上がり」、「枕」、「駒」などと呼ぶ）が貼りつけられている。とくに、東京風の細打ちのそばや変わりそばなど、細くきれいに切り揃えたそばを打つ時には不可欠の道具である。釜蓋のように把手のついた大型のものもあるが、最近はあまり見かけない。

こま板のAの長さ（155頁の写真参照）は24cm前後が標準。そば切り包丁の刃の長さ（33cmが標準）よりも短く、たたんだ生地よりもこま板のほうが長い。生地よりこま板のほうが短くては定規の役割を果たさないためだ。Bの長さは24cm前後から36cm程度までで、厚さは5mm以下が一般的。また、立ち上がりの反対側の端は、生地の残りが少なくなっても最後までスムーズに切れるよう、本体よりもさらに薄く削られている。この端に立ち上がりと同じ材質の細板をはめ込んで頑丈に作ったものもある。

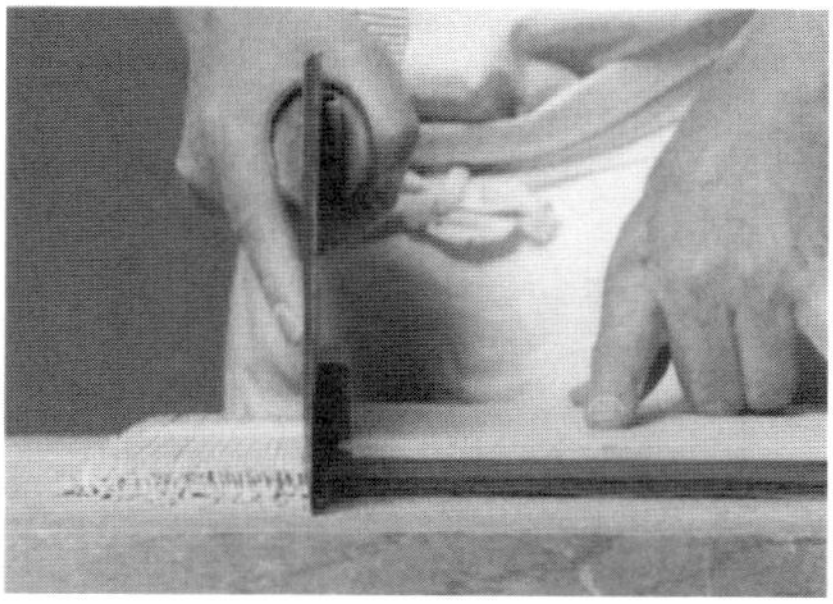

こま板を使ってそばを切る

切る時は、たたんだ生地に対して立ち上がりが直角、かつ生地の縦幅の中央とこま板のAの長さの中央を合わせて生地の上に置き、立ち上がりから少し離したところに押さえるほうの手を置く。中指と薬指を内側に折り込み、親指、人差し指、小指の3本の指と、折り込んだ中指との4支点で軽く抑えるのが基本。

こま板の立ち上がりに包丁の腹を当てて垂直に刃を落とし、手首をわずかに返してこま板を送り、同様に切り、こま板を送る。この動作を速くリズミカルに繰り返して生地を切り揃えていくわけだ。立ち上がりに堅木を用いるのは包丁の刃が当たるためである。

この時、切り幅を決めるのはこま板の送り幅。包丁をわずかに傾けて送っていくため、こま板は軽めに押さえておく必要があるが、こま板の送り具合は立ち上がりの高さと密接に関係する。低いと細く切りやすいが、こま板を送るのに手首の負担が大きくなる。一方、高いと送るのは楽だが、細く切り揃えにくくなる。標準とされるのは8分(約2・4cm)以下である。

こま板がいつ頃から使われてきたのか、はっきりしたことはわかっていない。地方によってはこま板を使わず、「手ごま」で上手に切る技法が伝わっているところもある。

主な参考資料・『そばの基本技術』

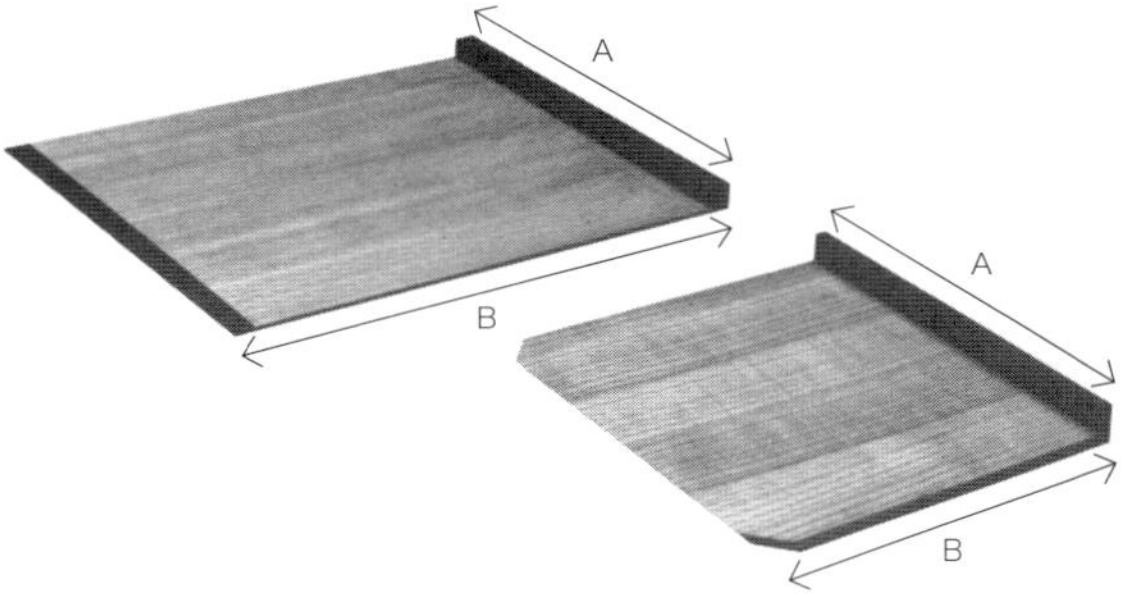

東京流のこま板。上の写真が大型、下の写真が小型のもの。Aの長さはどちらも八寸(24cm)前後が一般的。

74 製麺機が開発されたのはいつ頃か？

製麺機が最初に開発されたのは明治16年(1883)。佐賀県の真崎照郷[1]が考案したもので、小麦粉をこねたものをロールの間に通過させ、紙状に薄く延ばしたものを糸状に切断して麺にする、という仕組みだった。製麺機はその後、さまざまな改良を加えられて現在に至っているが、機械による製麺の基本は当時の仕組みと変わっていない。

真崎式製麺機は明治21年に特許を取得し、実用品として完成。その後さらに改良され、明治36年、大阪で開かれた第5回内国勧業博覧会に出品する。機械製麺を実演して見せて一等賞を受賞し、業者の注目を集めた。そしてこれが契機となって、各地でいくつかの製麺機メーカーが誕生するに至った。

巷説の域を出ないが、東京・日本橋のあるそば店ではさっそくこの製麺機を導入したものの、「そばは手打ち」が常識だった時代のこと。音が近所に聞こえては機械を使っていることがバレてしまうと、裏の小屋の中で機械にシートをかぶせてこっそりと使ったという。逆に仙台のある店では、

ロール式製麺機の一例。左は、ロールで圧延した麺帯を切り刃に通して麺線にしているところ。

新発明の製麺機使用を宣伝したところ、物珍しさに千客万来、大繁盛したという逸話もあったとされる。

しかし、当時の製麺機はハズミ車を利用する手回し式で、取り扱いにはかなりの重労働を要したので普及に時間がかかり、ようやく一般化し始めるのは大正に入ってからのこと。また、1台350円(大正期のもりそば1杯の標準値段は5~10銭で推移)ほどと大変高価だったため、多くの店では職人による手打ちのほうが安上がりだった、という事情もあった。こうしたロール式製麺機❷が全国的に普及するようになるのは、昭和に入り、モーターが取り付けられてからである。

一方、混合機(ミキサー)も明治35年にすでに発明されていたが、実用化は遅々として進まず、本格的に普及し始めたのは戦後である。戦前までは、純粋な手打ちの店以外は、手ごね機械切りの店が圧倒的だった。

戦後の食糧難の時代、そば・うどんは格好の代用食とされ、麺類業界は茹で麺を主体に復興の道を歩み始めたが、当時は衛生上、粉を手でもむのはよくないとされており、混合機の設備がないと営業許可が下りにくかった。そこで、麺類業者は競って混合機を買うことになり、結果的に全国に普及するという経緯をたどっている。

主な参考資料・『そば事典』、『そばの基本技術』、『麺機百年史』

---

❶真崎照郷は嘉永6年(1853)、佐賀県巨勢村に生まれた。神童の評判が高く、18歳の時に酒粕から再び酒を絞る方法を考案。そのほか、白蠟の製造法や、廃紙再製などの技術を案出している。以後、麺類の機械製造に専念し、従来の手打ちの常識をくつがえす製麺機を発明(明治17年という説もある)するが、長く改良に時間がかかり、また、宣伝の機会にも恵まれなかったという。

❷**ロール式製麺機**
近年では、手打ちそばへの見直しが進んだこともあって、手打ち式製麺機も開発されている。これは手打ちによる人力作業をできるだけ忠実に機械に置き替えようというもの。また、押し出し式製麺機や20秒前後で粉から麺を作ることができる瞬間製麺機も開発されている。

75 「そばかまど」の構造とは？

そばの章　原材料・道具・そのほか篇

そばを茹でるための大釜をそば釜といい、通常は「そばかまど」に設置されて一体になっている。そば釜は中釜《なかがま》、あるいは平釜《ひらがま》とも呼ばれる。材質は昔は鉄の鋳物だったが、いまは熱伝導率が高く熱効率のよいアルミ合金製が主流。中釜の深さは20㎝程度が標準とされる。

そばかまどは中釜を加熱するための燃焼装置。中央に中釜があり、釜の手前左右に「銅壺《どうこ》」と呼ばれる丸い穴（直径約24㎝）が開いている。明治時代まで銅製だったことからの名で、その後鉄製に代わり、近年はステンレス製が主流。銅壺の内部には常時、中釜を囲んで湯が張られており、中釜の余熱で80℃ほどに熱せられている。中釜の湯の張り替えや湯煎、❶振りもの、丼の器を温めるのに利用される。かつては中釜の向こう側にも後《うしろ》銅壺があるのが基本形だったが、現在は前銅壺だけがついているのが一般的になっている。

そばは茹で時間が短いため、きちんと茹でるのが意外と難しい。一概にはいえないが、通常の細打ちなら長くて1分台、生粉《きこ》打ちだと30秒程度で

そばかまど。中央が中釜で、手前左右の丸い穴が銅壺。

茹で上がる。この短時間の間に、そばの中心部までしっかりと火を通し、そば粉のでんぷんを完全に❷α《アルファ》化させなければならない。きちんと茹だっていないそばは芯が残っているために食感が硬い。この硬さをコシと勘違いされることがあるが、こういうそばは「空《そら》煮え」といい、そば本来のでんぷんの甘みを引き出すことはできていない。

そばをきちんと茹でるためにもっとも重要なのは、中釜内部での湯の対流だ。対流がなければ箸で軽くほぐしてあげても、そばは湯に入れられた時の位置にとどまる。そばが入ったことで周囲の湯温は一時的に下がるが、冷たいそばがとどまっているため湯温の回復に時間がかかる。そのぶん、茹で時間が長くかかりすぎて、おいしいそばにはならない。

そこで考案されたのが現在主流のそばかまどで、熱源であるバーナーが釜の手前側に火が当たるように設置されている。こうすると、バーナーから伝わった熱は湯の中を上昇しながら奥へ向かって流れ、釜の中を循環していく。これが熱対流である。そばはこの湯の対流に乗って、釜の中を循環する。常に十分な湯の温度の中で茹でられるため、短時間で芯までしっかりと火が通ることになる。

主な参考資料・『蕎麦の事典』、『そばうどん』2014号

❶振りもの
振りザルにそばやうどんを入れ、前銅壺につけて温めてから湯水をきり、同時に温めた丼にきれいに入れる作業のこと。

❷α化
でんぷんを水と一緒に加熱することで、でんぷんの分子が規則性を失い、糊状になること。

そばの章 原材料・道具・そのほか篇

76 汁作りに使う「たんぽ」とは？

「たんぽ」は、もり汁(つけ汁)を入れて湯煎する時に用いる容器で、本来は外側が茶色の陶器製(素焼き)であることから「土《ど》たんぽ」(「つちたんぽ」と読むこともある)と呼ばれる。大きさは、内径が18㎝、深さ30㎝が標準で、これで約6ℓの容量がある。もり汁を湯煎することを指しても「たんぽ」という。

このたんぽに冷ましたもり汁を入れ、30分~1時間ほど湯煎すると、汁の味がいちだんとよくなりコクが増してくる。汁作りの重要な工程である。とりたてのもり汁は、カツオ節のだし、醤油、砂糖(ミリンを加える場合もある)の3種の材料が分離している状態なので、これらの味、風味をよく馴染ませ、渾然一体としたうまみを引き出すことが、たんぽによる湯煎の目的である。ただし、焼きものの土たんぽを使うから汁の味がよくなるのであって、ステンレス製などの金《かな》たんぽで湯煎してもあまり意味がないとされる。陶器だと中の汁の温度がゆるやかに上がるが、このことが汁の馴染みに大きく作用しているものと考えられる。

①前銅壺でもり汁を湯煎する場合は前銅壺にたんぽ枠をはめ、そこに土たんぽを入れる。

ちなみに、たんぽには「ばかたんぽ」❶といって、二番だしを湯煎するためのものもある。

もり汁の作り方はいろいろあるが、かえし❷(本がえし、生がえし、半生がえしの3通りがある)をとって作る場合には、必ずたんぽの工程によって味を馴染ませるのが東京流本来の製法である。

伝統的な東京流もり汁の製法の一例を挙げる。まず、とりたてのだしにかえしを混ぜ(ミリンを入れる場合は、だしとかえしを混ぜてから加える)、強火にかけて沸騰寸前まで加熱する。この時、絶対に煮立てないように注意する。また、途中で浮いてくるアクは、木蓋に付着させるようにしてていねいに取ることも大切。とったもり汁を寸胴などに入れ、半日~1日くらい放置して自然に冷ます。とりたての熱いままのもり汁をすぐに湯煎すると、汁の持ちを悪くする場合があるとされるためだ。これが冷めたところで土たんぽに移し、45分~1時間ほど湯煎する。湯煎は釜に湯を張ってもできるが、伝統的な手法では、そばかまどに設えられた前銅壺《どうこ》の湯を煮立たせ、たんぽ枠をはめて、そこにたんぽを差し込む。湯煎し終えたら、その後さらに半日以上はねかせて自然冷却させることが大切で、これによって汁の味に深いまろやかさが出る。

主な参考資料・『そばの基本技術』

---

❶ばかたんぽ
たんぽは、一般にもり汁用の汁たんぽを意味するが、「ぽかたんぽ」といってかけ汁を温めておくのに用いるものもあり、こちらは金たんぽが使われる。

❷かえし
126頁の項目**59**参照。

そばの章

原材料・道具・そのほか篇

77 そばの薬味の御三家は？

昔から「からみ、やくみも味のうち」といわれるように、薬味を加えることで風味を増し、食欲をそそる。また、もともと「薬」と「味」とは別別の意味を持つ。薬は、くすり、毒消し、滋養など。味は、あじ、うまみ、食欲を起こすなどの意味である。そこから「加薬」とか「役味」などの言葉も生まれたという。麺類の薬味は最近、品書きに合わせていろいろなものが工夫、考案されているが、そばの薬味としては昔から、刻みネギ、大根おろし、❶七味唐辛子が御三家とされている。

●ネギ —— タマネギと区別して長ネギともいう。独特の香りと辛み、舌触りが、そばの薬味としてよく合う。関東では白ネギ（根深ネギ）が、関西では青ネギ（葉ネギ）が好まれる傾向がある。

　白ネギとしては群馬の下仁田ネギや埼玉の深谷ネギが代表的だが、戦前までの東京のそば店は、東京・千住近在で作られていた千住ネギを最上等としていた。関西では、京都の九条ネギや大阪の難波ネギが古くから使われてきた。千住ネギ、九条ネギ、難波ネギは一時消滅しかけたが、

江戸期の漆器の薬味箱

❶七味唐辛子
164頁の項目78参照。

❷辛味大根
現在栽培されているものでは、京都洛北・鷹ヶ峰の辛味大根や、信州中部から北部にかけてのねずみ大根が知られている。辛みと同時に、水分

近年再び栽培が増えている。

●ダイコン——江戸時代は、辛味大根❷の搾り汁でそばを食べるのも珍しくなかったとされる。明治以後も東京のそば店ではなくてはならない薬味の一つだったが、最近はそうでもなくなっているようである。しかし、ダイコンは消化酵素のジアスターゼが多量に含まれているため、脂肪分の多い天ぷらそばや鴨南蛮そばの薬味としてはよく使われる。また、トウガラシを差し込んですりおろした紅葉おろしは、もりそばによく合う。越前の「おろしそば❸」や「からみそば」は大根おろしを使ったそばとして有名だが、これは薬味ではなく、汁として味わうものである。

●ワサビ——『和漢三才図会』にも、そばの薬味として欠くべきでないもの、と書かれているとおり、そばにぴったりの薬味だが、昔から高価だったためか、一般のそば屋ではあまり用いられなかったらしい。主産県は長野、静岡、岩手。ワサビの辛みは熱に弱いので、どちらかというと冷たいそばに合う。なお、戦後になって広く普及した粉ワサビは、西洋ワサビ(ホースラディッシュ、ワサビダイコン)を乾燥、粉末にした後、ワサビに近いフレーバーをつけ、洋辛子で辛みを補ったものである。

❹そのほか、ユズやショウガ、青ジソなどもよく使われる。

主な参考資料・『蕎麦の世界』(薩摩夘一「四季のそばと薬味」)、『そばの基本技術』(植原路郎「薬味の知識」)

の少ないのがこの種のダイコンの特徴である。

❸おろしそば
48頁の項目20参照。

❹そのほかの薬味

●陳皮(ちんぴ)——温州ミカンの皮を干したもので、特有の香味がある。ビタミンCを豊富に含み、漢方薬としては咳や風邪の薬に使われる。七味唐辛子の材料の一つでもある。

●ユズ——レモンやダイダイと同様に甘みはほとんどなく、強い酸味と高い香りが特徴。鴨南蛮、天ぷらそばによく合う。皮の部分に強い芳香を含むので、薄く削って使う。

●ショウガ——主として根ショウガをすりおろして使う。特有の香味と刺激性のある風味が食欲をそそる。つけ汁にも用いるが、かき玉、あんかけなどの種ものによく合う。讃岐では、うどんの薬味として欠かせないといわれる。酸化しやすいのですりおきはできない。

78 「七味唐辛子」に使われる材料とは？

そばの章 原材料・道具・そのほか篇

「七味《しちみ》」というのは関西の言葉で、関東では「七色《なないろ》唐辛子」と呼ばれていたが、現在は一般には「七味唐辛子」で通用している。刻みネギ、大根おろしとともに、そば、うどんの薬味の「御三家」の一つに数えられている。

薬味とは本来、風味を増し食欲をそそると同時に毒消しの効果も併せ持つもので、いわゆる日本の香辛料にあたる。こうした日本の香辛料は、その目的や役目によって青み料（ネギ、三ツ葉など）、辛み料（カラシ、ワサビ、ショウガなど）、香味料（シソ、サンショウなど）、芳《こう》ばし料（ゴマ、クルミなど）、和え料（ミョウガ、タデなど）などに分類されるが、これらのうちの辛み、香味、芳ばしの三料を巧みに配合した混合香辛料が、この七味唐辛子。配合の割合によって、甘口と辛口がある（大辛、中辛、小辛という分け方もある）。

七味に用いられる原料は、辛味種の粉末トウガラシのほか、❶陳皮《ちんぴ》（ミカンの皮の粉末）、ゴマ、ケシの実、サンショウの粉、アサの実、シソの実、ナタネ、青海苔など。これらを適宜調合して作られるが、その❷調合・製法

---

❶陳皮
163頁の脚注❹参照。

❷七味唐辛子の調合
東京・浅草、京都・三年坂上、長野・

は地域や業者によって多少異なる。トウガラシ、ゴマ、サンショウ、アサの実を入れるのはほぼ共通しているものの、陳皮、シソの実、ケシの実、青海苔、白薑《びゃくきょう》（ショウガを乾燥させたもの）、ナタネなどは必ず加えなくてはならないものではない。味の傾向としては、東京は辛みが強く香りと味はあっさりしているのに対し、西のほうは香りが重視されるという。❸トウガラシの役割は、辛みと赤い彩り、とくに日本産種の鷹の爪は品質がよく辛みが非常に強い。この実を乾燥させて粉末にしたものがいわゆる「一味唐辛子」である。陳皮は柑橘特有の香りと苦みがあり、ゴマは煎った時の香ばしさと甘みのあるほろ苦さがある。ケシの実も煎ると香ばしい。サンショウはとくに乾燥した実を粉末にすると特有の芳香と辛みが出て、アサの実には辛みとともに、噛んだ時のカリッとした食感がある。シソの実は爽やかな辛みが、青海苔は色合いと磯の香りが特徴。これらが渾然一体となって、独特の風味、色合いを生む。

材料はすべて乾燥させたものが用いられ、ゴマやケシの実、そのほか特定の材料は煎り、1種類ずつ碾《ひ》き、すり鉢であたって配合される。また、❹これらの材料には薬効のあるものも含まれているが、使うのはほんの少量であり、食欲を促し、かつ体を温める程度といえよう。

主な参考資料・『うどんの基本技術』（奥村彪夫「薬味の知識」）、『そばうどん』9号（七味唐辛子の話）

善光寺前にある3店が、江戸期創業の七味唐辛子の老舗としてとくに有名。それぞれ材料は多少異なる。

❸トウガラシ
原産地は中南米で、現在、世界各地で100種以上の品種を生み出している。別名、バンショウ（蕃椒）。日本へは、中国から伝えられたので、「唐辛子」、ポルトガル人が伝えたから「蕃椒」と説が分かれるが、いずれにしても江戸時代初期の伝来とされる。

❹七味唐辛子の薬効
トウガラシには、消化液の分泌を促す作用があり、健胃に効果があるほか、下痢、感冒、頭痛などにも効くとされる。ゴマは強壮、サンショウは健胃整腸、利尿、腎臓結石、腹下しに効き、陳皮は感冒や気管支炎に効果があるという。また、ケシの実は油分を多く含み、とくにその殻は鎮痛薬にされるが、実を収穫する頃にはアヘンは採れなくなっているといわれる。

79 「そばもやし」の利用方法とは？

「そばもやし」とはソバの若芽のことで、「蕎麦萌」と書く。ソバの実を播いて発芽させ、カイワレダイコンのような形状に育てたもので、江戸時代から料理の材料として珍重されていた。文化1年(1804)版『料《りょう》理《り》早《はや》指《し》南《なん》』四「料理談合集」の秘伝の部には、「もやしのこしらへやう」として次のように書いてある。

> 豆・小豆・さゝげ、・八重なり(緑豆)・蕎麦・ぶんどう(文豆。えんどう)、右のるい水につけ置き、折敷(おしき。四方に縁を回した角盆)にさら土をもり、よきほどに水うちまき置き、室へ入れば、やがて芽を出す。一寸四、五分のびた時つかふ。又白水(しろみず。米のとぎ水)をかけ藁に包みておけば、一夜にして芽出るなり。

文化3年に隠居した松江藩第七代藩主・松平不味《ふまい》が書いた茶懐石の献立にも採り入れられ、「蕎麦もやし　秋」と記されている。そばどころの信州では、昔からソバ畑で間引き菜を摘んで食べていたといわれる。

そば屋においては、おそらく明治以降、そばを打つ時に加えて着色に用

大鰐温泉の温泉熱を利用して栽培されるそばもやし。もやし栽培の施設内部で地面に掘られた深い溝にソバの実をまき、ゴザで覆っておく。

いられることもあった。当時は玄ソバの保管状態が悪かったため、梅雨が明ける頃になるとそば粉の品質が落ち、色も悪化してしまう。そこで、そばもやしをすり鉢ですりつぶしてそば粉に打ち込み、衰えた❶そばの色を、新そばの緑がかった色に近くなるよう整えたのである。また、変わりそばの趣向としては「そばもやしつなぎ」がある。

古くからのそばもやしの産地としては、津軽地方南端に位置する大鰐《おおわに》温泉が知られる。温泉の熱を利用して栽培するもので、その伝統は350年以上に及ぶとされ、津軽藩主が湯治で訪れた際には必ず献上されたと伝えられる。小屋の中に深さ、幅とも40～50cmほどの溝(「沢」と呼ばれる)を何本も掘り、土を敷いて播き床を作る。そこに一晩水に浸けたソバの実を播き、ワラを厚く敷いてゴザで覆っておくと、約1週間で30cmほどの長さの真っ白い茎に育ち収穫できる。農閑期で野菜が不足する冬期の生産が主で、サラダや鍋ものの具材として利用されている。また、近年では、カイワレ菜としてそばもやしの水耕栽培が各地で増えている。

そばもやしは苦みや癖のない淡泊な味わいと、シャキシャキとした歯触りが特長。そばの種ものの青味としても重宝される。栄養素としてはたんぱく質やビタミンが豊富で、とくにルチンを多量に含んでいる。

主な参考資料・『そばうどん』32号・39号

収穫したそばもやし。30cmほどの長さがあり、茎も真っ白い。

❶そばの色

そばの着色の材料としては、そばもやしのほかに、ソバの葉をすりつぶしたものや粉末も使われた。しかし、最近ではこのような使われ方はほとんどされていない。

80 そばの章 原材料・道具・そのほか篇

そば茶など、ソバの実の活用方法は？

製品化され、広く流通しているソバ関連商品としては、そば茶とそば焼酎が代表的なものである。

そば茶が市販製品として開発・発売されたのは、昭和50年（1975）代に入ってからで、ソバならではの芳ばしい香りとまろやかな風味に特徴がある。わが国では緑茶のほか、大麦を殻付きのまま炒った麦茶や、玄米を煎った玄米茶などが親しまれ広く飲まれているが、そば茶の場合は嗜好飲料としてよりむしろ、ソバのすぐれた栄養を生かしての健康茶の意味合いが強いようである。

原料は、玄ソバを蒸してから殻を取り除いたソバの実（そば米）で、これを焙煎して作られる。したがって、成分はソバ１００％で、たんぱく質、ビタミン類、ルチンなどが豊富に含まれている。しかも、タンニンやカフェインなどの刺激性の成分はほとんどなく、飲みやすいうえ睡眠の邪魔になる心配もない。

お茶としてばかりでなく、お茶漬けにふりかけて風味を添えたり、粉末にして菓子類の材料にするなどいろいろな利用法がある。

一方、❶そば焼酎も市販製品としては比較的新しく、昭和48年頃から宮崎県や長野県で製造を開始。その後、九州各県を中心に、ヘルシーブーム、焼酎ブームのせいか急速に需要を伸ばして存在を知らしめた。

一般に焼酎は、まず麹と水だけで仕込み、酵母を増殖させる。この一次もろみを酒母として、さらに各種の原料と水を加えて二次もろみを発酵させ、蒸留したものが焼酎である。たとえば、鹿児島県の芋焼酎は二次もろみにサツマイモを使ったものであり、熊本県の球磨《くま》焼酎は二次もろみに蒸した米を使っている。

そば焼酎の醸造ではふつう、一次もろみには米麹や麦麹を使い、二次もろみの段階で砕いたり、あるいは全粒のままの蒸したそば米が使われる。ただ、そば焼酎の場合は、でんぷん質を補ったり味にメリハリをつけたりするために、そば以外の雑穀や糖分を加えるケースも少なくないようだ。

もともと、そば焼酎の産地として知られる宮崎県では、鹿児島県に接する南部では芋焼酎が、熊本県と接する中央部では米焼酎が、そして北部では、アワ、麦などの雑穀焼酎が造られてきた歴史があり、これらの雑穀焼酎のバリエーションの一つとして、そば焼酎が生まれたといえる。


主な参考資料・『そばうどん』14号、『麺類百科事典』

❶そば焼酎
通常はアルコール分25度に調整されているが、中には35～45度とウイスキー並みのアルコール度の銘柄もある。ロックやお湯割りが一般的だが、そば湯割りはそば店ならではのオツな飲み方である。

うどんの章

81 道具を使わずに作る、うどんの原形とは？

うどんの章 歴史・文化篇

伝統的な小麦粉食の麺文化として受け継がれているものには、麺棒や包丁を使わずに麺状に作り、うどんのようにして食べる料理がある。その一つが大分県の代表的な郷土料理「ほうちょう汁」で、「蚌腸汁」と書き、たんに「ほうちょう」とも、または「団子汁《だご》」とも呼ばれる。昭和期頃までは多くの家庭で日常的に食べられていた。

「蚌腸」とは貝のハマグリのワタ（腸）の意。起源については、江戸時代中期の随筆『西遊雑記』の天明3年（1783）の記事に、豊後国（大分県）の領主・大伴宗麟にまつわる伝承が記されているものの、裏付けはない。また、同書には麺の作り方も書かれており、これは現在とほぼ変わらない。江戸時代以前からの食べ方と推定されているが、由来についてなどの定説はないようだ。

ほうちょう汁は味噌仕立ての煮込みうどんの一種だが、麺の作り方に特徴がある。小麦粉を薄い塩水でこね上げて小さな団子状に丸め、30分間ほどねかせる。この生地の両端を両手の指でつまみ、少しずつ薄く幅広の帯

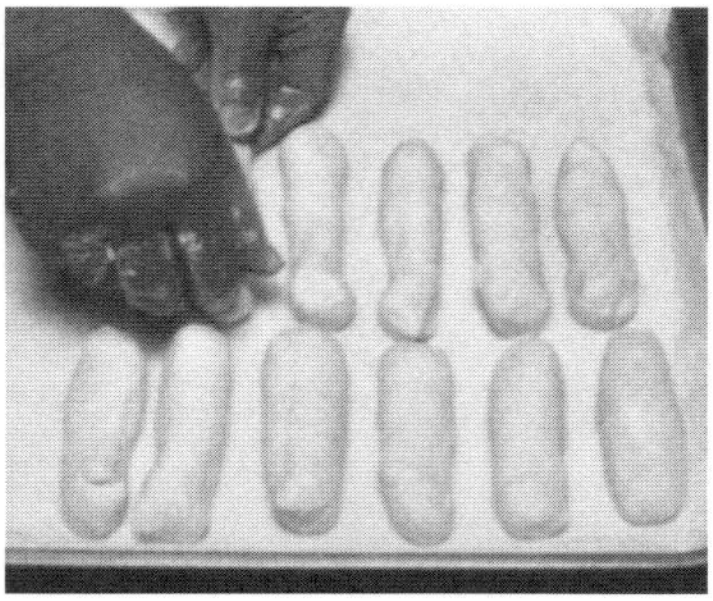

状に延ばしていく。塩水が薄めなのは、生うどんを茹でずに直接煮込むため（塩が多いと汁が塩辛くなりすぎる）だが、煮込みの生うどんでねかし（熟成）をかけるのは珍しい。この麺を、煮干しと昆布でとるだしで季節の野菜と煮込み、麺が浮き上がってきたところで味噌を加えて味をととのえる。野菜はサトイモ、ニンジン、ゴボウ、シイタケなど手近なものが利用されるが、とくにサトイモは欠かせないという。

このほうちょう汁に類似したものには、岩手県の「はっと」や「ひっつみ」などがある。小麦粉に水を加えて練り込みねかせた生地を、手指で薄く延ばしながらちぎり、茹でたものだ。野菜などと煮込むうどん風の食べ方のほか、エゴマやエダマメ、小豆などで作る餡にからめて食べる地域もある。これらは主に東北地方で伝承されており、地域によって「はっとう」、「ばっと」、「ばっとう」などと呼ばれる。語源は、農民が調理に手間のかかる麺作りを禁じた藩政時代の「御法度」に由来するというのが定説のようだ。

ちなみに、「はっと」は小麦粉に限らず、そば粉でも作られている。とくに、ヒエ、ソバなど雑穀が食生活の主体だった内陸部の農山村では、そば粉で作る「はっと」（「かっけ」ともいう）が主流になっている。

主な参考資料・『麺類百科事典』、『そばうどん』7号・2016号

ほうちょう汁（団子汁）の作り方。小麦粉を薄い塩水でこね上げ、少量ずつ生地をちぎって手のひらで細長い団子状の生地を作り、少しねかしておく（172頁の写真）。その団子状の生地の両端を指でつまんで、手を上下にふりながら徐々に平らな幅広の麺状に延ばし、右の写真のように沸騰した鍋に入れていく。

82 うどんの起源は？

うどんの起源については、いまのところ定説はないが、室町時代に普及し始めた切り麺(切り麦)がその解明の鍵を握っていることはたしかなようだ。ただ、その切り麺の歴史がいつから始まったのかということ自体が明らかでなく、鎌倉時代か南北朝時代あたりまで遡れるのではないかと推定されてきた。15世紀後半に一条兼良が書いた『尺素《せきそ》往来《おうらい》』に、「索麺は熱蒸、截麦《きりむぎ》は冷濯《ひやしあらい》」とあり、また、この時代の文献には、「切麺」(『康富記《やすとみき》』宝徳3年[*1451*])、『親元日記』寛正6年[*1465*])、「切麦」(『山科家礼記』文明12年[*1480*])、「切冷麺」(『蔭涼軒《おんりょうけん》日録』長享3年・延徳1年[*1489*])などの言葉が見られることから、少なくとも15世紀に切り麺が存在したことは明らか、とする説である。また、15世紀の日記類に「饂飩」、「うとん」という言葉が出てきて、それが江戸時代にまで連続するだろうことを踏まえて、14世紀にはうどんがあったと推定できるとしていた。

切り麦とは、小麦粉を練った塊を麺棒で薄く押し延ばし、それを包丁で細長く切る麺のこと、というのがその解釈である。それによると、切り麦を茹でて熱いうちに蒸籠に盛って食べるのが「あつむぎ(熱麦)」、茹でてから冷やし洗い、大きな木の葉やザルに盛って食べるものが「ひやむぎ(冷麦)」、そして熱い汁に入れて食べるものが「うどん(饂飩)」とされる。ただ、「冷やしそうめん(手延べ麺)」を冷水で洗って食べたものをひやむぎと呼んだ可能性も考慮されるべきとしている。

一方、さらに古い文献である『嘉元記』には、正平7年(*1352*)5月10日の記述に「三肴毛立 タカンナ、ウトム、フ」とある。これが「酒の肴に、竹の子(タカンナ)、うどん、麩」と読みとれることから、うどんの初見と見る説もある。ちなみに、「うんとん」という呼び方は、「うとん」より古い記録にはない。

なお、❶最近の研究によれば、鎌倉時代の寛喜2年(*1230*)から宝治1年(*1247*)までの間に、京都で切り麦が食べられた記録があるという。

饂飩という言葉の語源については、奈良時代に唐から伝えられた餛飩《こんとん》ではないかとする説もあったが、餛飩は中国料理のワンタンのようなものと想像されることから、うどんの元祖としては推せないようだ。なお、寛永20年(*1643*)板の❷『料理物語』にはうどんの製法が解説されており、現在とほぼ同じである。

主な参考資料・『文化麺類学ことはじめ』、『つるつる物語』、『うどんの基本技術』(奥村彪夫「麺の歴史」)

---

❶最近の研究
石毛直道著『文化麺類学ことはじめ』

❷『料理物語』のうどんの製法
「うどん　粉いかほどうち申候共、塩かげん、夏は塩一升に水三升入、冬は五升入て、その塩水にて加減よきほどにこね、臼にてよくつかせて、玉よき頃にいかにもうつくしく、ひび無きように丸め候て、櫃に入、布をしめし蓋にして、風のひかぬようにしておき、一つずつ取り出し、うちてよし。茹で加減は食い候て見申候。汁はにぬき又たれみそよし。胡椒、梅」

83 そうめんの起源は？

奈良時代から鎌倉時代にかけての文献には、「麦縄《むぎなわ》」と「索餅《さくべい》」という言葉がたびたび登場するが、これらは同じ食品を指しているといわれている。古くは「麦」という言葉には、小麦粉で作った麺という意味があり、「縄」はその形状を表していた。一方、索餅の「索」とは縄という意味で、「餅」とは小麦粉を使った食品の総称であった。したがって、麦縄と索餅とは同一の食品であろう、という説である。

この索餅がそうめんの原型ではないか、といわれてきたのは、その縄のような形状も根拠となっているが、肝心の索餅自体がどんな食品だったのかについてはいまだに議論が分かれるところで、そうめんの起源としての定説にはなっていない。しかし、最近の研究で『延喜式』（延長5年［927］）に書かれている索餅の材料配分で手延べの麺を作れることが証明されており、「索餅＝麺」説は有力になっている。ただし、ここでの索餅は小麦粉のほかに米の粉が混ぜられており、油をぬって細く延ばす麺ではない。

そこで、そうめんは索餅の延長上にある食品であったかもしれないが、

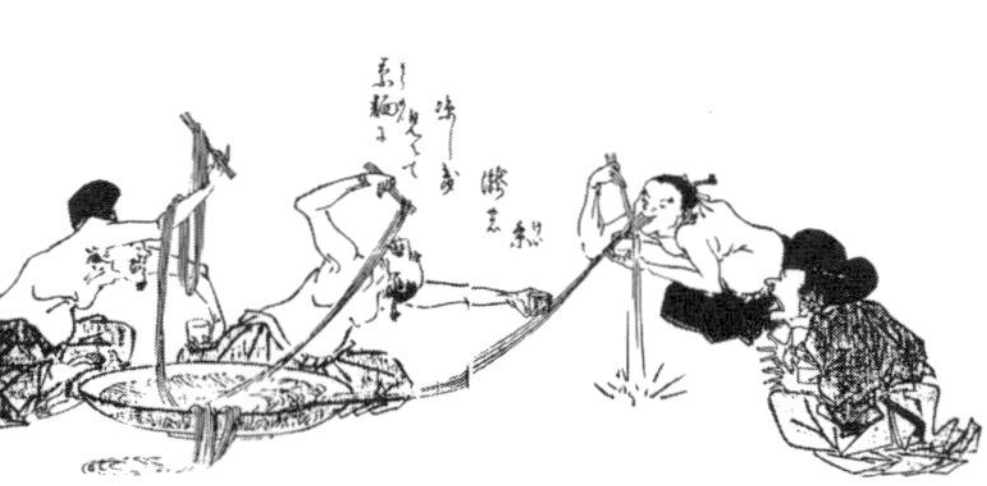

長そうめんを食べる様子（『狂斎図譜』より）

新しい技術によって作り出されたとも考えられる。室町時代の文献では、「索餅」、「索麺」、「素麺」と3通りの表記が現れ、しかも同じ記録に別々に書かれている事実を考え併せても、「索餅＝素麺＝そうめん」とする従来の説は根拠が弱くなっているようである。

ところで、そうめんの語源だが、索麺の音便ではないかとされる。素麺と書いたのは、禅寺で精進（素菜《スウツァイ》）として食べたことからの当て字という。これは昔、中国の文物を日本に伝え、またその文物に通じてもいた禅僧が、そうめんの起源に関わっているのが自然であろう、とするところから出ている説のようである。しかし、いずれにしてもいまのところ、断定するには資料が乏しい。

そうめんは当初の頃は、短く切らない長そうめんの形が多く、そのため、そうめん一曲とか一桶という数え方がされた。一折とか一箱と数える切りそうめんが登場するのは、江戸時代に入って以降のことのようである。6寸（約18cm）の長さに切り揃えて印紙で上中下《うえなかした》を巻き止め、化粧箱に入れ、極上ものは「御膳そうめん」と称した。しかし、切りそうめんの時代になってからも、製造の手間のかからない長そうめんは作られ、こちらはもっぱら庶民の食べものだったという。❶

主な参考資料・『文化麺類学ことはじめ』、『うどんの基本技術』（奥村彪夫「麺の歴史」）

❶庶民の食べもの
江戸時代初期から中期にかけての頃に刊行された『狂斎図譜』には、腕を伸ばし、箸を高くかかげながら長そうめんを食べている様子がおもしろおかしく誇張して描かれている（176頁図版参照）。

84 きしめんの由来は？

うどんの章 歴史・文化篇

❶きしめんは名古屋の名物麺として知られているが、その由来については諸説がある。たとえば、雉子《きじ》の肉を入れた「きじめん」から発展したのではないかという説。あるいは紀州出身の者が名古屋で作った「紀州めん」が転訛したのではないか、とする説もあり、いまのところ定説はない。また、平打ちうどんをいつ頃から「きしめん」という固有名詞で呼ぶようになったのか、その時期も定かではない。ただ、明治初期にはすでに油揚げと青味を具としたきしめんがあったことから、少なくとも江戸時代末期の天保（*1830～44*）から嘉永（*1848～54*）にかけての頃には、ほぼ現在いうところのきしめんが誕生、定着していたと考えられる。

きしめんは漢字で「碁子麺」と書く。碁子麺の初見は、南北朝時代前期の正平5年（*1350*）頃の作と推定される『新撰類聚往来』（丹峰和尚著）。その上巻に「饂飩《うどん》、碁子麺、冷麺、麭飥《ほうとう》」という記述がある。また、室町時代の文安1年（*1444*）に成った漢和辞書である『下学集』下巻（元和版）第十二・飲食門の中でも、「饂飩・搔餅《かきもち》・水蟾《すいせん》・索麺《さうめん》・碁子麺・水花麺《すいくわめん》」と、

「いも川うむどん」の看板。天和2年（1682）刊『好色一代男』より

ほかの麺類と並べて書き出されている。しかし、ここに出てくる碁子麺と❷は、平打ちうどんではない。中国・華北の農書『斉民要術《せいみんようじゅつ》』(530～550)に記述されている「切麺粥」(一名《いちめい》碁子麺)がその原形かもしれない。

　平打ちうどんであるきしめんにつながる文献としては、江戸時代初期の万治1年(1658)刊『東海道名所記』がある。道中の茶屋などで出される有名な麺類を紹介している中で、三河の芋川(愛知県刈谷市)名物「ひらうどん」を挙げており、形状から推してきしめんに近い麺と考えられる。ちなみに、文政13年(1830)序の随筆『嬉遊笑覧』には、江戸の「紐革《ひもかわ》うどん」はこの「芋川うどん」が訛《なま》ったものだろうと書かれている。

　なお、平打ちうどんのきしめんの製法については、寛延2年(1749)刊の『料理山海郷』巻二に、次のように記されている。

「うどんのこ塩なしにこね、常のごとくふみて、薄く打《うち》、はゞ五分ほどの短冊にきり、汁にてかげんするなり。打粉多くつかへば汁ねばる。打粉少くして汁多く仕懸るがよし。汁、酒・しやうゆをくわへ、少しあまく仕懸る。花がつを大がきにして入べし。温飩を打込、煮上て置《おく》。ねぎ二寸計《ばかり》に切、たくさんに入、煮て後右のうどんを入てもちゆ。鰹もみこみ打たるも、おもしろきなり」

主な参考資料・『麺類百科事典』

❶きしめんの汁

名古屋で俗に「赤だし」と呼ばれ、きしめん、うどんのかけに用いられるのは、たまり醤油を使った深紅色のかけ汁である。ふつうの醤油が小麦と大豆をほぼ等量で造るのに対し、たまり醤油は原料の大部分が大豆で、醤油の原形に近い。発酵の度が低いのでやや泥臭い独特の風味だが、これとカツオ節などからとる濃厚なだしとの相乗効果によって、メリハリのきいたかけ汁ができ上がる。淡泊な味のきしめんを強引にひきたてる汁といえる。

❷碁子麺

その製法については、『松屋筆記』(国学者・小山田与清による文化12年[1815]～弘化2年[1845]にかけての筆録)の中で伊勢貞丈著『庭訓往来』下巻の記述が引用されており、「小麦粉を練って薄く延ばし、細い竹筒の先で碁石の形に押し切り、茹でて豆の粉(きな粉)をつけて供する」とある。

85

うどんの章 歴史・文化篇

手延べで作る秋田の「稲庭うどん」とは？

「稲庭うどん」は、秋田県南西部に位置する旧稲庭村（現・湯沢市稲庭町）で古くから作られ伝承されてきたうどん。「うどん」と称しているが、ふつうのうどんのような切り麺ではなく、そうめんと同様に、手で延ばすことによって製造される手延べの干しうどんである。幅5㎜ほどの平たい麺で、茹でると透明感のある淡い黄色になり、あまり茹で太りしないのが特徴。手延べで細いせいか食感はそうめんに近く、ツルリとした独特ののどごしが味わえる。生産量が極めて少ないため、かつては「幻の名産うどん」とまでいわれていた。

その発祥については未詳の部分が多いが、江戸時代初期に佐藤市兵衛という人が最初に製造したという伝承が残っている。次いで、ほぼ同時期の寛文5年（*1665*）に佐藤吉左衛門（後に稲庭姓に改姓）が本格的な製造を始め、今日に至ったとされる。また、幕末期に二代目・佐藤養助が稲庭家から製造技術を伝授されており、以後、両家が稲庭うどんの二大看板となっている。

そうめんの製法と同じように、手で延ばして干す。

稲庭うどんが広く出回るに至らなかったのは、江戸時代を通してたった1軒で製造され、技術は一子相伝、門外不出の秘伝として固く守られてきたためだが、背景には秋田藩主・佐竹氏の意向があった。宝暦2年(*1752*)、稲庭吉左衛門を藩の御用達に任じ、続いて稲庭うどん(当時の呼称は不明)の偽造品販売の禁止、産地小麦の独占的確保などの施策を次々と講じ、稲庭家の独占的な製造を手厚く保護した。関ヶ原の戦いで徳川方につかなかった佐竹氏は常陸54万石から秋田20万石に転封された大名であり、家臣を養う石高の減少を補うために代々、各種産業の振興に尽力したが、稲庭うどんの保護もその政策の一環だったともいわれる。

製造法はおおむねそうめんと同じ。薄めに延した生地を線状に裁った後、両手で縒《よ》りをかけながら細くして2本の棒に8の字掛けにする(この作業を「うどん綯《な》い」と呼ぶ)が、そうめんと違い、この工程で油を使用しない。8の字掛けにして延ばした麺線を、太い麺棒でさっと延ばして平たい形状にするのも稲庭うどんならではの作業である。

また、ねかす時間を挟んで3~4回繰り返されるこねはすべて手作業。大変な重労働だが、この工程によって生地への空気混入率が高められ、なめらかな食感を生み出しているとされる。

主な参考資料・『そばうどん』9号

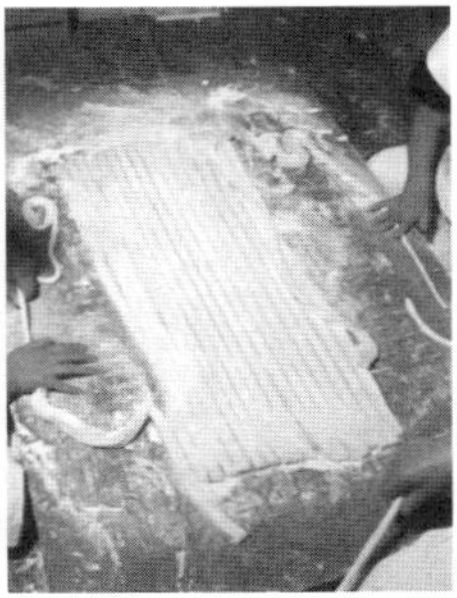

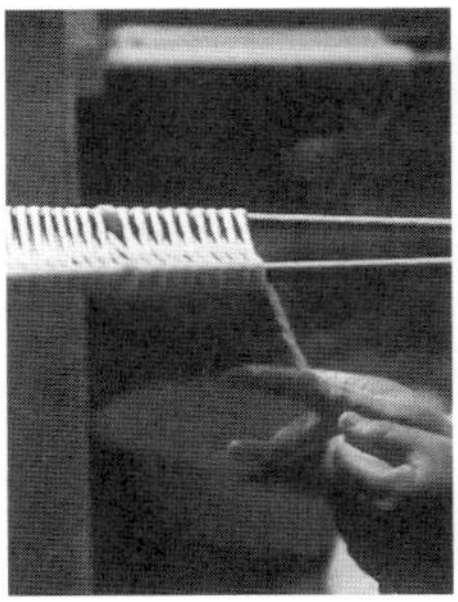

稲庭うどんの製法。一晩ねかした生地を麺棒で延ばしてから直線裁ちし、これを縒りながら細くしていく(右)。縒った生地はさらに縒りをかけながら2本の棒に8の字掛けにしていく(左)。

うどんの章　歴史・文化篇

86 そばどころ信州の「おしぼりうどん」とは？

江戸時代から「そばどころ」としてその名を馳せてきた信州(長野県)だが、川沿いの平地などでは、規模は小さいながらも稲作が行われ、米の裏作として小麦が栽培されてきた。とはいえ江戸時代、米は年貢として納められ、明治以降は貴重な換金作物となったため、土地の人々の主食となることはなく、小麦粉で作るうどん、お焼きといった粉物の食文化が盛んだった。そのうどんの食べ方として、とくに北信の千曲川沿いの地域で受け継がれてきたのが、大根おろしの搾り汁で食べる「おしぼりうどん」である。そばを大根おろしの搾り汁で食べる食べ方は、信州ばかりではなく各地に散見されるが、うどんの食べ方としてはあまり例を見ない。

おしぼりうどんの特徴は、搾り汁に信州特産の辛味大根を使うことにある。信州には長野市や千曲市で古くから作られている灰原《はいばら》辛味大根や戸隠大根など、辛みの強い地ダイコンがいくつかあるが、代表的ともいえるのが千曲川流域、埴科《はにしな》郡坂城《さかき》町で栽培されてきた中之条大根。硬く小さなダイコンで、この地域でしか栽培できないといわれる。胴の長さは15㎝ほ

おしぼりうどん。ねずみ大根のしぼり汁(写真手前)は、辛みと甘みのもとであるでんぷん質が多く、ミルクのように白濁している。

ど、尻ぶくれの形をしており先端に細長い根が伸びている。その形がネズミに似ていることから「ねずみ大根」とも呼ばれ、地元では「なかんじょ」とも称されている。江戸時代に薬用として長崎から伝えられたともいわれ、小石混じりの荒れた畑のほうが栽培に適し、肉質は水分が少なく非常に緻密で、地元では漬け物や煮ものにも利用されている。

このねずみ大根を皮付きのまますりおろして搾った搾り汁に、味噌とネギなどの薬味を入れて、茹でたての熱々のうどんのつけ汁とする。搾り汁は強烈な辛さだが、辛さの後にじわっとくる甘みがある。この甘みを地元では「あまもっくら」と表現するそうだ。また、この辛さには、地粉❶で打つうどんの甘み、風味をひきたてる効果もある。時間が経つと辛さが薄まるため、搾り汁は食べる直前に作る。味噌は辛さを和らげるとともに、ダイコン臭さを消す効果もあるという。素朴な食べ方ではあるが、深みのある味だ。うどん店などでは味噌のほかに削り節を加え、薬味としてクルミなどを添えることもある。

ねずみ大根の収穫期は11月～12月にかけてで、翌年3月頃までしか保存できなかった。そのためおしぼりうどんを食べられるのは本来は冬季のみだが、現在はねずみ大根を改良し、通年で提供できるようになった。

主な参考資料・『そばうどん』47号・2014号

信州・坂城町特産のねずみ大根

❶地粉
191頁の脚注❶参照。

87

うどんの章　歴史・文化篇

山梨の「ほうとう」の由来は？

「ほうとう」は山梨県の郷土食、名物として知られ、「のしいれ」とも呼ばれる。当地の俚謡《りよう》では「うまいものだよ、かぼちゃのほうとう」と自賛しているが、この文句は、土地の人々の間では一般においしいものを表現する時の決まり文句にもなってきた。地味に恵まれていないこの地方では、ほうとうは身近なごちそうであり、また、カボチャの出始める秋から翌年3月頃までこれを食べると、風邪を引かないという言い伝えもある。漢字では「❶餺飥《はくたく》」（音便で「ほうとう」）と書くが、地域によっては「法度」などの字も当てている。

　ほうとうの起源は明らかではないが、戦国時代、武田信玄が甲州に出入りしていた高僧から教えられた麺類（餺飥）を野戦食に採り入れたのが始まり、とする僧侶伝来説が有力のようだ。ここから俗に「武田汁」とも呼ばれ、また、「おほうとう」と尊称を付けてさえ呼ばれるようになったという。山国・甲州では稲作は限られ、麦やソバなどの雑穀が主食だったから、小麦粉をおいしく食べることのできる麺に信玄が着目し、領民にも普及に努

めたとしてもおかしくはない。

現在では１cm幅くらいの幅広のうどんを使うようになっているが、かつては練った生地を親指大ほどの大きさに手のひらでのばしたものだった。これは奈良時代に中国から伝えられた14種の麺の原形の一つ「餺飥」とよく似ていると推定され、しかも名称も同一である。また、麺を茹でずに直接汁の中で煮込む調理法も麺食のあけぼの期の方法に近いこと、そして僧侶が伝えた、ということなどから、日本の麺のもっとも古い時期の姿を残しているとも考えられている。

現在の作り方は、煮干しのだし汁にカボチャ、ダイコン、ニンジン、シイタケなどの野菜や油揚げを入れて煮立て、生のうどんを茹でずにそのまま入れ、赤味噌を加えて煮込む。手間もかからず、また、味が濃厚で、厳寒期には体も温まり栄養価も高い。風邪を引かない、というのもうなずけよう。昔は煮干しの代わりに清太芋《せいだいも》(ジャガイモ)を使い、せん切りにしたダイコンをほかの具と一緒に油で炒めてから煮たという。また、ほうとうを練る時は塩を入れないのが本式である。カボチャをメインにした「かぼちゃぼうとう」のほか、「きのこぼうとう」や汁粉で煮た「あずきぼうとう(粉ぼうとう)」などがある。方言では「ハット」、「ハットウ」ともいう。

主な参考資料・『そばうどんの応用技術』

かぼちゃぼうとうの作り方。カボチャ、サトイモなどの野菜類を煮干しのだしで煮る。野菜類がやわらかくなったらうどんを入れて煮込む(184頁の写真・右)。十分に煮込んでから味噌を溶いて味つけをする(同・左)。

❶餺飥
後魏(386～534)の頃に編纂された『斉民要術』(せいみんようじゅつ)には、餺飥の作り方を次のように記している。
「餺飥の法　麺(小麦粉)を細かに絹ふるいして、調成した肉汁の冷えたのでこねる。両手でもんで母指ほどの太さにし、二寸ずつ切って、水盆(ひらがめ)に浸す。これをごく薄くもみ押し広めていく。急火で沸かした湯の中で煮る。たんに光沢があり白く可愛いばかりでなく、また自ずと滑美なこと、常のものと異なる」

うどんの章　歴史・文化篇

88 「さぬきうどん」の特徴とは？

「さぬきうどん」といえば手打ちうどんを連想させるほど、讃岐では長く、うどんはほとんど手打ちだった。現在でも、こねの工程だけは混合機を導入するうどん店が増えているが、伝統的な手打ちの手法は継承されている。その昔ながらの手打ちの工程から、さぬきうどんを特徴づけているポイントを挙げてみよう。

一般にさぬきうどんは加水量が多い（40～45％）。したがって、朝ごねが原則である。そうしないと生地がダレてしまう。小麦粉は、中力粉でもグルテン量の少なめのものが使われた。

また、一般的なうどんの手打ちでは、粉への加水から一気に玉つくり、足踏み作業までもっていき、それから生地のねかし（熟成）が行われるが、讃岐では玉つくりの工程が足踏み作業の途中にある。❶粉と水を合わせてやわらかめにこね上げた後、十分にねかせて、それから足踏みに移る。そして、何度か足踏みを繰り返した後に小分けして、菊もみ（生地を団子状に丸めること）、熟成、また足踏みと、とことん生地をいじめ、鍛え上げる。

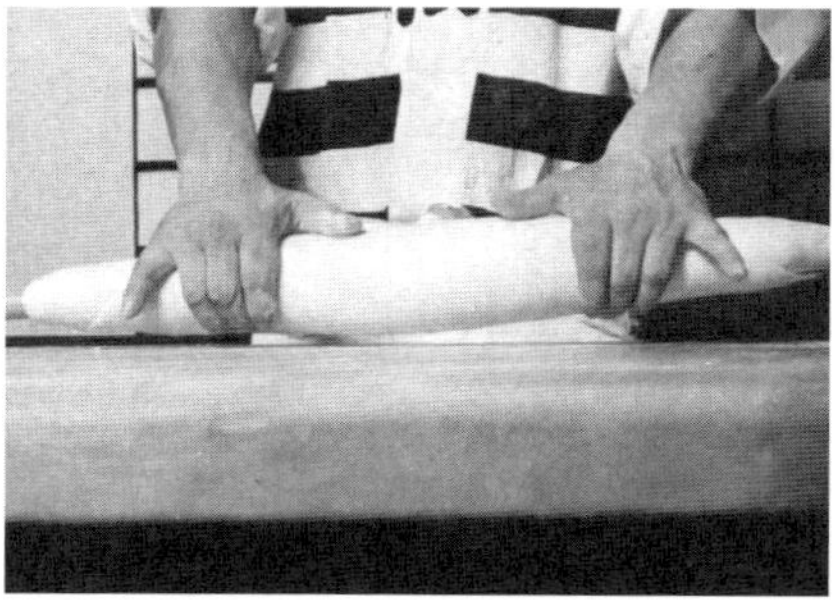

すかし打ち

この足踏みと熟成の繰り返しは、一連の工程の中でもっとも大事な部分であり、独特の強いコシを持つさぬきうどん作りの一番の特徴といえよう。

また、延ばしの段階では、「巻き延ばし」と「すかし打ち」が、讃岐独特の技法といえる。巻き延ばしとは、生地を麺棒に巻きつけたまま体重をかけ、台上をころがして延ばしていくやり方。そしてある程度延ばしたら、麺棒に巻いた生地を手元側に戻す時に、こころもち生地を浮かして軽く叩きつけるように麺台に落とす。これがすかし打ちである。トントコ、トントコというリズミカルな音とともに生地は延ばされていく。

以上が、手打ち工程から見たさぬきうどんの特徴である。ちなみに、昭和51年(*1976*)、公正取引委員会が制定する公正競争規約で、生めんの「さぬきうどん」の表示について基準が定められた。要点は次のとおり。

1. 香川県内で製造されたもの
2. 手打ち、または手打ち式(風)であること
3. 練り工程での加水率は40%以上
4. 食塩濃度は小麦粉重量に対して3%以上
5. 生地の熟成は2時間以上
6. 茹で時間は15分間以内

主な参考資料・『うどんの基本技術』、『うどん店の経営』

---

❶足踏み
足踏みは単純な作業だが、さぬきうどんではたっぷり1時間ほどかけるため、大変な労力を要する。こうして鍛え上げられたうどんは、茹でてもほとんど煮崩れしない。

89 「伊勢うどん」の特徴とは？

「伊勢うどん」は、三重県伊勢市とその周辺で古くから食べられてきた郷土うどんである。太くもっちりとしてやわらかな麺に色の黒いとろりとしたつゆがかけられ、刻んだ青ネギがのる。ただそれだけの、極めてシンプルなうどんだ。なお、「伊勢うどん」と呼ばれるようになったのは昭和40年（1965）代後半頃からで、それまで当地のうどん店では「並うどん」とか「素うどん」、家庭ではたんに「うどん」と呼ばれていたそうだ。

伊勢は伊勢神宮へのお伊勢参りで知られるが、道路網が整備された江戸時代には各地から大勢の参詣人が集まった。そのため、早くからうどん屋があったとされているが、この食べ方の発祥については定かな記録はない。一説に、農民のハレの日のごちそうだったのが、いつの頃からか、うどん屋でも売られるようになったという。

伝統的な伊勢うどんの麺の太さはおおむね直径1・数cmほど。といっても太打ちのうどんではなく、茹でる前の生うどんは数mm角程度。一般的な太さのうどんだが、1時間～1時間30分前後という長い時間をかけて茹でることで、特有の太さとやわらかな感触が生まれる。沸騰させた釜の湯にうどんを入れると、しばらくして湯の上部に浮いてくる。ここで火を弱めて蓋をし、うどんが浮いた状態を維持しながらじわじわと茹で続けると、角の取れた太く丸いうどんに茹で上がる。地元では、こういう茹で方を「ゆっくりとうます(蒸らす)」と表現する人もいるようだ。うどん店では、茹でたうどんは水洗いして玉にとっておき、注文に応じて熱湯に浸けて温める。これを丼に入れて常温のつゆを少なめにかけ、刻みネギを散らして提供する。

伊勢うどんは色の黒いつゆも特徴的で、この色はつゆに使われる溜まり醤油に由来する。溜まり醤油は、大豆と小麦を原料とする濃口醤油や淡口醤油と違い、ほとんど大豆のみで造られる醤油で、醤油の原型にもっとも近いとされる。蒸した大豆に麹と食塩水を加えた味噌玉を長期間発酵させ、自然に出てくるもろみ液を汲み取ったものだ。香りは少ないが、特有の風味のある味は濃厚で甘みの強い、愛知、三重、岐阜地方特産の醤油である。

だしにはサバ節やメジカ節、ウルメ節といった雑節が使われるのが一般的。複雑な味の濃いめのだしに個性の強い溜まり醤油を使うことで、少量のつゆでもうどんによくからむ。

主な参考資料・『そばうどん』22号・26号

伊勢うどんは、麺の特有の太さとやわらかな感触と、溜まり醤油による黒いつゆが特徴。

90 「武蔵野うどん」の特徴とは？

うどんの章　歴史・文化篇

「武蔵野うどん」とは、東京都北西部の多摩地域から埼玉県西部にかけて広がる武蔵野台地一帯の地域で、古くから食べられてきたうどんを指す。「武蔵野」という地域名から発生した呼び方ではあるが、実は地元での伝統的な名称ではない。香川県の「さぬきうどん」と同様に後に付帯された名だが、いつ頃からそう呼ばれるようになったのか、その経緯は不明。地元では、昔からたんに「手打ちうどん」と呼び習わされていたという。なお、「武蔵野うどん」という場合の武蔵野の範囲について、明確な定義はないようである。

多摩川と荒川に挟まれた武蔵野台地は、赤土で不毛の土壌である関東ローム層で厚く覆われているものの、その上に作物栽培に適した黒土の腐植土層が堆積している。しかも、密度の高い関東ローム層は保水性にすぐれているため、作物には理想的な地層構造になっている。しかし、台地内には大きな河川がなく、米作に不可欠な水源に乏しい。そのため、武蔵野地域は江戸時代から小麦・大麦を中心とした農業地帯として発展し、うど

武蔵野うどんの糧うどん

んはその代表的な郷土食となった。水田をまかなうほどの水は確保できなかったものの生活用水や小さな川はあり、水車製粉が盛んに行われてきた歴史がある。各家庭でうどんを打つ習慣があり日常的に食べられていたが、ハレの日のごちそうとしても欠かせない食べものとされ、一部の地域では、冠婚葬祭で一連の会食が終わった後に「本膳」としてうどんが出されたそうである。

伝統的とされる武蔵野うどんの第一の特徴は、硬めでコシの強い太めのうどんであることで、これはその製法に由来するようだ。一般のうどんと比べて加水率が低めのため相対的に塩分濃度が高く、ねかしの時間は極めて短い。さらに、茹で加減も硬めなのが伝統であり、素朴でゴツゴツした感じの、噛んで味わいのあるうどんである。かつては茶褐色がかった色だったというのは、❶地粉で打つうどんに共通する特徴。

食べ方はもりうどんの形が一般的。茹でて水洗いしたうどんをザルや丼に盛り、醤油味の熱いつゆにつけて食べる。薬味は刻みネギや油揚げ。茹でた野菜などを添えれば「糧《かて》うどん」となる。近年、武蔵野うどんを名乗るうどん店では、豚肉を使った肉汁うどんが人気だが、この食べ方が定着した事情は不詳である。

主な参考資料・『そばうどん』2016号、『男のうどん学』

❶地粉
近代的な製粉工場では小麦の胚乳部のみ粉にするが、石臼や旧式の製粉機を用いたかつての製粉方法では、外皮(フスマ)や胚芽部分なども粉に混ざるため、粉の色は茶褐色がかり、小麦らしい風味も強くなる。

91 「鍋焼きうどん」はいつ頃からあるのか？

「鍋焼きうどん」は江戸末期の大坂ではすでに、屋台での夜売りが行われていたが、いつ頃考案され、あるいは商品化されたものなのか、その正確なところはわかっていない。

いまのところ初出と見られているのは、慶応1年（*1865*）正月、江戸三座の一つだった歌舞伎劇場・市村座で初演された『粋《すい》菩《ぼ》提《だい》禅悟《さとりの》野晒《のざらし》』という芝居。大坂・四天王寺山門の前に担ぎの荷を下ろした夜そば売りが、客に「見かけない顔だが」と話しかけられ、「わしはこの間まで大坂名物えんどうまめを売っておりましたが、この頃流行《はや》る鍋焼きうどんにすっかり押されまして、それから宗旨を変えました」と語る。すると客は「何でもこの節は、お稲荷さまか鍋焼に限るぜ」。このセリフから、少なくとも元治1年（*1864*）には大坂で、鍋焼きうどんの夜売りがもてはやされていたと推測できる。

この上方での流行が東京へ移った時期もはっきりしないが、明治13年（*1880*）12月の読売新聞に、東京で鍋焼きうどんを売る者は８６３人いるが、夜鷹そばを売る者はわずか11人しかいない、という記事がある。また、翌年11月に東京・新富座で上演された『島鵆月白浪《しまちどりつきのしらなみ》』には、夜鷹そばが減った代わりに、鍋焼きうどんが1年増しに多くなった、というセリフがあることから、明治8～9年頃には東京でも流行が始まっていたと考えられている。

鍋焼きうどんは、土鍋の蓋を取るとつゆがグツグツと沸き立っていて、舌を焼くような熱々のところをフウフウ吹きながら食べるのが醍醐味。本来は、寒さのしみる冬場の品書きである。

また、最近はそば・うどんを使った鍋もので、具と汁をさまざまに取り合わせたものが増えてきているが、店の都合から2人前以上の鍋が多いようだ。そういう中にあって、1人前用の鍋ものはこの鍋焼きうどんが依然、代表しているといっていいだろう。

さらに、鍋焼きうどんとおじや（雑炊）を合体させた「おじやうどん」というのもある。いずれも伝統的な馴染みのある食べものだが、それを一度に、ごった煮的に味わえるようにしたところがミソ。おじやうどんが大阪で考案されたのは昭和15年（*1940*）頃ともいわれるが、全国的に広まり始めたのは、昭和55年頃からである。

主な参考資料・『蕎麦史考』、『うどんの基本技術』、『麺類百科事典』

鍋焼きうどんを売る明治の夜そば売り（明治13年刊『霜夜の鐘十字の辻筮［しもよのかねじゅうじのつじうら］』より）

うどんの章　品書き篇

92 「小田巻き蒸し」と「茶碗蒸し」の違いは?

ふつう略して「小田巻《おだま》き」と呼ばれるが、正しくは「小田巻き蒸し」という。うどん台の種ものだが、そばでも作られる。江戸時代中期に長崎で生まれた「茶碗蒸し」から派生したといわれている。はじめに大坂で広まり、後に江戸に伝わった。

紡いだ麻糸などを円《まる》く輪に巻いたものを苧環《おだまき》と呼んだが、丼の中に敷くうどんをこの苧環に見立てたところからの名だという。「小田巻き」は当て字である。カラムシ(苧)はイラクサ科の多年草で、昔はこの茎の皮から繊維を採り、糸に縒《よ》って越後縮《ちぢみ》などの布を織った。機織《はたお》りの際、その糸を中が空洞になるようにグルグルと輪状に巻いた糸玉を「おだま」とか「おだまき」と呼んだのが語源。「緒手巻き」からの当て字説もある。

江戸・東京でもそば店の品書きとして親しまれたが、本場はやはり発祥の地、大阪。とくに商人の町・船場では、年末から正月にかけてのお祝い膳に欠かせないお祝い麺として商家で重宝され、客膳によく出された。うどん店にとってもこの小田巻き蒸しは、品書きの中でも料理屋風に手の込

小田巻き蒸し専用の器

んだ種ものという誇りがあったので、うどん職人たちは料理屋の料理人に負けまいと腕をふるったものといい、❶大阪のうどん店が料理屋と肩を並べようと種ものに力を入れていた時代の代表作ともいわれる。したがって、品書きの中では茶碗蒸しとともにもっとも❷高価なものだった。

しかし、人気の種ものの座にあったのは戦前までで、戦後は食の多様化、嗜好の変化の波に押されて衰退の一途をたどり、ともすると忘れ去られようとしている。戦前までは、うどん店には決まって専用の❸蒸し釜があったほどで、小田巻き蒸し、茶碗蒸しなどの蒸しものはよく売れたという。

小田巻き蒸しはまぎれもない茶碗蒸しではあるが、うどんが入っているのでそのぶん、だしの味をやや濃いめにしてある。また、うどんの種ものの中でも別格という扱いだったせいか、ほかの種ものに比べてはるかに作り方の手が込んでいる。また、❹具材にも凝っていて、ゆうに12〜13種類は使われた。しかも、ごちそうだったことから、エビ、サワラ、ウナギ、かまぼこ、ユリネといった比較的高価な材料をにぎやかに使うことが特徴である。これらの具の持ち味が渾然一体となって、独特の味わい深い茶碗蒸しになる。

本来は、丼も蓋付きの専用のものを使う。

主な参考資料・『そばうどん』11号（「大阪うどん考」）、『そば事典』、『うどんの基本技術』

❶大阪のうどん店
明治28年（1895）刊の『浪華百事談』巻六によると「八幡筋さの屋橋の東の方南側に、突的といへる麺類店、天保中にあり、此家のをだ巻蒸は、其味他に勝れしを以て、名物如く云ひしものなり。明治以前廃業す」とある。

❷高価な品書き
大正の頃、大阪のうどん店では、うどんが5銭くらいの時に小田巻蒸しは25銭、茶碗蒸しは30銭くらいだった。

❸蒸し釜
当時のうどん店の調理場のかまどには、茹で釜、つけ釜、めし釜、それに蒸し釜が組み込まれていた。

❹小田巻きの具材
小田巻き蒸しに入れる具材は、「下もり」と「上置き」とに分かれる。下もりにはうどんのほか、ショウガ、ユリネ、焼栗（ギンナン）。上置きにはかまぼこ、鳴門巻き、ウナギ、エビなどを入れる。

93 「釜揚げうどん」と「湯だめうどん」とは？

「釜揚げうどん」とは、茹でたての熱いままのうどん、という意味。したがって、茹で湯から引き上げたうどんを、その茹で湯と一緒に釜揚げ桶などに移し入れて出すというのが本来のあり方だろうが、実際には、茹で上がったうどんを冷水でいったん締め、さらにもう一度熱湯にくぐらせて湯とともに供せられることも少なくない。

このように一度冷水でうどんを締めるのは、茹で上がったのに湯につけたままでおくと、うどんの表面が余分な湯を吸収してやわらかくなりすぎ、食感が落ちるからである。その点、茹で上がった直後のうどんを冷水にさらすと、うどんの表面に含まれる水分は茹で上げの瞬間に比べてぐんと減少する。うどんを締め上げた状態となって、太さも締まってやや細めになり、角も立つ。また、うどんは茹でている間に多少は煮崩れを起こすので、表面にぬめりが生じる。冷水で洗うことによってこのぬめりも取れるので、食感がよくなる。釜揚げでなく、熱した汁をかけて出す場合でも、このような手順を踏んだほうが食感がよくなり、汁もにごらない。

茹で釜でのうどんの状態をそのまま提供する釜揚げうどん。

しかし、うどんの本場讃岐では、「釜揚げ」とはあくまで茹でられて釜から引き上げられた直後のものを指す。そして、いったん冷水で締めてから再度熱湯で温めたうどんは「湯だめうどん」と呼んではっきり区別している。讃岐では昔から、釜揚げは冬場のもの、湯だめは夏場のもの、といった季節感があったが、最近ではそれも薄らいできているという。また、茹で上げの熱々のうどんを丼に取って生《き》醤油をかけて食べる、讃岐独特の釜揚げうどんのことを❶「茹《い》で込み」と呼んだが、いまでは死語同然で、地元の香川県でも、釜揚げという名称でなければ通じなくなっている。

うどんは、茹で上げ後30分間経つとまずくなるといわれる。いわゆる「茹でのび」といわれる現象である。茹で上げ直後のうどんは、表面の水分含量が80%以上なのに対して、中心部は約40%と❷水分勾配(傾斜)があり、でんぷんは加熱されて糊化(α化《アルファ》)している。ところが、時間が経つにつれて、この傾斜している水分分布が平均化し、αでんぷんも老化(β化《ベータ》)し始める。これが茹でのびで、うどん特有のモチモチした粘弾性は失われ、歯応えのないボソついたうどんになってしまう。つまり、うどんのおいしさの条件は、茹で上げ直後の水分勾配とでんぷんがα化状態にあることで、茹でたてである釜揚げがもっともおいしいといわれるのはこのためである。

主な参考資料・『基礎うどんの技術』

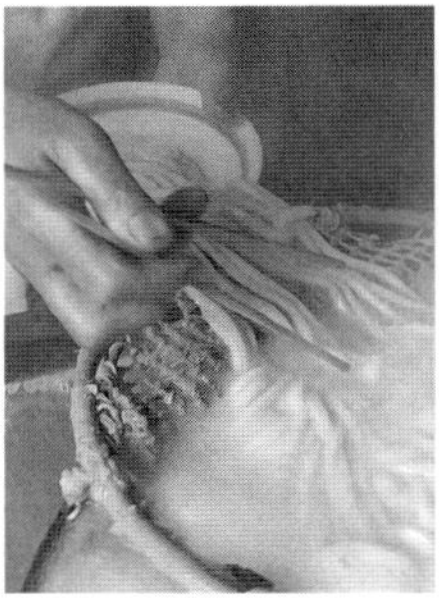

釜揚げうどんは茹で釜から直接、箸でうどんを丼に取り入れ、熱々の茹で湯をそそぐ。

❶茹で込み
讃岐ではかつては家庭での食べ方だったが、昭和63年(1988)頃からは、「生醤油うどん」の名前でうどん店の品書きとしても登場、一種の流行現象になった。また、ダイコンおろしをお客が自分でおろして、生醤油とスダチの絞り汁で食べるのも評判である。手間のかかるだしを使わず、醤油をかけるだけで麺そのものを味わう讃岐ならではの食べ方である。

❷水分勾配
２０８頁の項目**99**参照。

94 うどん作りに塩を使う理由は？

うどんの章　技術篇

うどんを作る時、一般に塩(塩水)を使うのは、

1. グルテンを引き締め(収斂《しゅうれん》作用)、生地の粘弾性を増加させる。
2. 生地の発酵を抑制し、また防腐する。
3. ❶生地の乾燥を防止する。
4. 温度(気温)の変化による生地への影響を調節する。
5. うどんの風味、食感をよくする。

といった塩の効果を利用するためである。

小麦粉を水でこねると、小麦粉中に含まれているたんぱく成分が❷グルテンを形成する。グルテンは網の目のように結び付き合って、強い粘弾性を発揮し、生地をつなげる働きをする。つまり、うどん作りには必ずしも塩を必要とはしない。

たとえば、生うどんを茹でずにそのままだし汁で煮る名古屋の「味噌煮込みうどん」などは、塩を加えないで真水《まみず》で小麦粉を練って作るうどんの典型例(現在は加えている店もある)だが、うどんの芯がいつまでも硬く残

り、やわらかくするにはかなり時間がかかる。また、塩を加えていないと、たんぱく質分解酵素の働きを抑えることができず、生地はどんどんダレてしまう。だから、この種のうどんは煮込みに適しているわけだが、打ち上げたらできるだけ早く煮込んだほうがよい。

しかし、小麦粉を塩水でこねると、グルテンの網目構造の展開には真水でこねた時に比べてやや時間がかかるものの、グルテン組織はより強力に、しっかりと形成される。これが塩の収斂効果で、うどん特有のシコシコした食感を生み出す。また、塩のたんぱく質分解酵素を抑制する効果は、塩を使わない生うどんと対照的に、塩を加えた生地がねかし(熟成)によってさらに粘弾性を増すことからも明らかである(生うどんはねかしの時間が少ない)。さらに、温度変化による影響を調節する塩の働きも、古くからある「❸土《ど》三寒《さんかん》六常《ろくじょう》五杯《ごはい》」といったうどん作りにおける塩加減の口伝が示唆しているように、四季を通じて一定の品質のうどんを作るうえで欠かせない要素になっている。

これらの塩を加えることによるさまざまな現象の仕組みについては、まだ解明されていない点も多いようだが、その効果は昔から経験的に活用されてきている。

主な参考資料・『うどんの基本技術』(那珂重道「製麺の科学」)、『めんの本』

❶生地の乾燥の防止
とくに干しうどんの製造では、食塩の添加によって生地が乾きにくくなり、乾燥のコントロールが容易になるという利点が大きい。

❷グルテン
101頁の脚注❷参照。

❸土三寒六常五杯
200頁の項目**95**参照。

95 「土三寒六常五杯」の意味は？

「土三寒六常五杯」❶は、手打ちうどんを作る際の四季の温度変化に対応する塩加減を表した古くからの口伝で、「どさんかんろくじょうごはい」と読む。「土」は夏の土用、「寒」は寒中、「常」はふだん(春・秋)のこと。つまり、土用頃の暑中には塩1杯を水3杯に溶かした濃い塩水で小麦粉をもみ、寒中は逆に6杯の水で溶かした薄めの塩水を使い、春と秋とは塩1杯を水5杯で溶いた塩水でちょうどよい、という教えである。

小麦粉を水でこねて作る生地は、温度の変化に対して非常に敏感である。暑いとやわらかくなって生地としてはダレた状態になりやすく、反対に寒中のように気温が低いと硬くなりすぎてしまう。そこで、夏は食塩の量を多くして生地を締め、冬は食塩の量を減らして生地が硬くなりすぎないように調節するわけだが、塩分濃度をコントロールしているだけでなく、塩を溶く水の量を変えることで、小麦粉への加水量をも調節していることにもなる。

うどん作りは一見、簡単なようだが、温度や加水量、熟成時間といった

❶「土三寒六常五杯」と塩の種類との関係（加水量47％の場合）

口伝 ＼ 現代表示 ＼ 種類	天塩		並塩		精製塩	
	ボーメ	粉に対する重量(％)	ボーメ	粉に対する重量(％)	ボーメ	粉に対する重量(％)
土　三	19.8	12.2	24	15.0	26 (一部不溶)	18.8
寒　六	11.0	6.1	15	7.5	17.5	9.4
常　五	13.0	7.3	17	9.0	19.8	11.3

変動要素が多く、しかも塩がそれらの要素に対して、微妙なコントロール機能を果たすなど、いろいろと複雑な要素が絡み合っている。したがって、手打ちという技術の背後にあって、常に関連し合いながら変動するこれらの要素を体系的に把握していなければ、一定の品質のうどんを作ることはできないことになる。

よく、そばは作る技術は難しいが理論は比較的簡単であるのに対し、うどんは技術的にはそれほどではない反面、製麺理論が難しい、といわれるゆえんである。

うどんは室町時代からすでに現在とほぼ同じ作り方がされていることが分かっているが、「土三寒六常五杯」とは、長いうどん作りの歴史の中で先人が経験上会得した、一つの指標だったといえよう。地方によっては「温三寒六常五杯」(うんさんかんろくじょうごはい)ともいう。

なお、この「土三寒六」❷の比率をボーメ計で測定すると、「土三」では24ボーメ、「寒六」では15ボーメ、「常五杯」は17ボーメとなって、一般に使用されている塩水(おおむね夏16ボーメ、冬8ボーメの間で調節)に比べてかなり濃度が高い。昔と現在との小麦粉や塩の品質の違いや、技術、嗜好の違いなどが考えられるが、はっきりしたことはわかっていない。

主な参考資料・『そばうどん』8号(長井恒「うどん作りにおける塩の働き」)、『めんの本』

---

❷「土三寒六」の比率

200頁の表で、天塩を使用した場合の「常五」の食塩濃度は13ボーメであり、内麦粉を使用した時の食塩濃度としては現在でも適用される。しかし、精製塩で「常五」にすると19・8ボーメと、現実には使えない高濃度になる。つまり、塩の種類の違いを計算に入れなければ、先人の遺した貴重な口伝も生かされないことになる。

96 うどん作りに使う食塩水の濃度は？

食塩水の濃度は一般に、作る時の温度（気温）と、小麦粉をこねてから何時間後にうどんにするかによって決まる。塩には、温度と時間がもたらす影響を調節する働きがあるからだ。たとえば夏と冬、あるいは、前日のうちにこねておく（宵ごね）か、当日にこねる（朝ごね）かによって、使う塩の量は違ってくる。また、どんなうどん（コシの強さ、歯触り、硬さなど）を求めるかで塩の量は変わるし、打ち方によっても違う。

塩の量を変えるのは、❶塩の製麺に対する効果の強弱をコントロールするためだが、加える塩の量にはおのずと限度がある。たしかに塩を使うと、小麦粉中のグルテンに作用して、締まりと弾力性のあるうどんができる。しかし、使用量が多すぎるとグルテンの結合する力は次第に弱くなり、生地の伸張性、弾力性ともかえって少なくなる。適当な量は、小麦粉の重さに対して4～6％程度（機械打ちの場合は2～4％）が目安とされている。

この塩の量と密接不可分の関係にあるのが加水量と温度である。なぜなら、塩と水とは、グルテンの結合を促すという意味では反対の作用をする

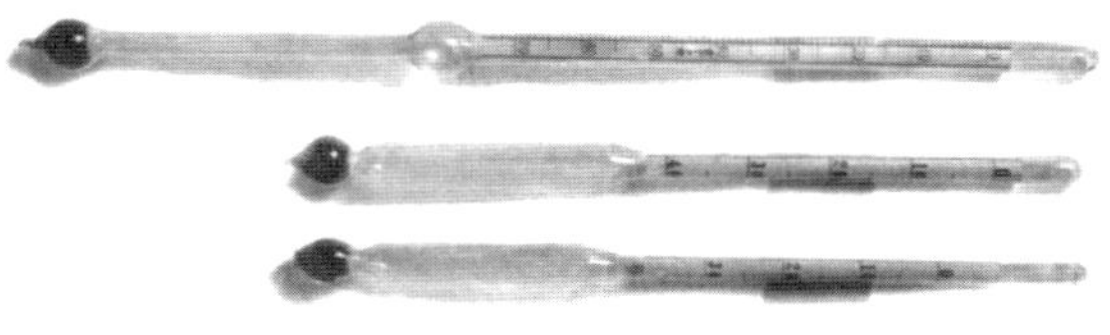

重ボーメ計

からだ。加水量を増やすと生地はやわらかくなり、塩分濃度を高くすると生地は硬く締まってくるわけだが、これは製麺時の温度によって起こる現象と似ている。小麦粉の生地は温度に大変敏感で、温度が高いとやわらかくなり、逆に低いと硬くなる。夏と冬とで塩の量を加減するのと同様に、加水量も調節する必要がある。

　このように、塩の量(塩分濃度)は温度、加水量と互いに補完し合う関係にあるから、塩だけを単独に抜き出して量を決めることはできない。そこで、常に一定の品質のうどんを打つためには、季節ごとの塩分濃度と加水量(率)の基準となるバランスシートを作り、生地のダレやすい夏は塩分濃度を高めにして加水量を減らし、反対に冬は生地が硬くなりやすいから塩分濃度を下げて加水量を増やす、という操作をする必要がある。また、生地が硬すぎては打ちづらい手打ちの場合と、逆にある程度硬い生地のほうがやりやすい機械打ちの場合とでも、塩分濃度と加水量は変わってくる。

　なお、塩はいったん水に溶かして塩水にしてから加えるが、塩は水に完全に溶けるまでかなりの時間がかかる。そこで一般的には、過飽和状態の食塩水をあらかじめ用意しておき、そのつど❷ボーメ計と呼ばれる浮き秤(比重計)で濃度を調節しながら(薄めてから)使われる。

主な参考資料・『うどんの基本技術』(那珂重道「製麺の科学」)、『めんの本』

❶塩の製麺に対する効果
198頁の項目**94**参照。

❷ボーメ計
水の比重を0(ゼロ)として、水より重い液体の比重を測るのが重ボーメ計、水より軽い液体の比重を測るものを軽ボーメ計という。食塩水やかん水に使用するのは重ボーメ計である。重ボーメ計の中でも、塩専用に測るものを塩ボーメ計(202頁の写真・一番下)といい、目盛りは、15℃の純水をボーメ0度、15℃の15%食塩水をボーメ15度として、この間を15等分してある。実用上、ボーメ10度の食塩水は10%の食塩水と考えて支障がない。ボーメ10度の食塩水を50g使用した場合、真水45g、食塩5gとなる。

97 うどん作りで「足踏み」を行う理由とは？

うどんの章　技術篇

うどん作りの最大のポイントは、❶グルテン形成技術である。原料小麦粉の選定に始まり、加水量・食塩量の調節、こね、足踏み、ねかし（熟成）と続く工程のすべてが、グルテンの結合・展開をうまく促進させることを目的とする。と同時に、グルテンが網状組織を形成してでんぷん粒を包み込むようにすることが、おいしいうどん作りの鍵を握っている。おいしいうどんを作るためには、小麦粉の一粒一粒にまんべんなく塩水を浸透させ、そのうえでグルテンが網の目になるように結合を促さなければならない。グルテンの網の目がよくできてないと、茹でた時に、でんぷんの一部は保護してくれる網がないため糊化❷（α《アルファ》化）する前に湯に溶けて流されてしまい、肌の荒れたおいしくないうどんになってしまう。

うどん作りで足踏みを行う目的は、この粉への水の浸透（水和）状態を促進することと、グルテンに網状組織を十分に作らせることで、生地をより強靭で弾力のあるものに鍛えることにある。

地方によって作業の仕方は異なるが、手打ちの場合、小麦粉と塩水を混

足踏みの作業

ぜ合わせてもみ込む作業は、こね鉢などの中ですべて手によって行われる。最初は小麦粉と塩水をなじませ、徐々に玉の状態にまとめながら、少しずつ生地の粘着性を高める作業なので、平均して力を加えることは大切だが、あまり強い力は必要としない。

しかし、うどんの生地はそば生地と違い、グルテンが展開するとともに非常に強い粘弾性を持ってくるため、ここから先は手の力では十分な効果が得られない。そこで、体重をかけて足踏みを行うのである。

足踏みは、手延べそうめん作りにも見られるように、古くから小麦麺作りに取り入れられているが、それは、麺の品質の面からも、また作業効率の面からも大変合理的な方法だからである。人間の体重は、生地の形成過程に理想的なバランスを持っており、足踏みと熟成とを組み合わせ、あるいは繰り返すことで、無理なくグルテンの網状組織を強化、展開させることができる。足踏みの中には、こねる、もむ、たたく、混ぜるなど、製麺業界で「混捏《こんねつ》」と呼ぶ効果がすべて含まれている。

なお、香川県では昭和40年(1965)代に、衛生上よくないとの見地から足踏みが問題視された時期があり、これが足踏みの機能を取り入れた手打ち風製麺機の開発のきっかけとなったとされる。

主な参考資料・『うどんの基本技術』(那珂重道「製麺の科学」)

---

❶グルテン
101頁の脚注❷参照。

❷α化
159頁の脚注❷参照。

98 うどんの生地をねかせるのはなぜか？

うどんの章

技術篇

ねかし（熟成）のポイントは、これによって加えられた力による生地のひずみを緩和することである。生地の緩和とは、こね、足踏みによって強い圧力を受けていわば硬直状態になったグルテン組織が、しばらく休ませることで柔軟性を取り戻すことをいう。ねかせることで生地の弾力性と粘りが増してふっくらとしたやわらかさになるわけだ。最初に小麦粉を練った時の塩加減と加水量が、ねかし時間の長さに関係してくる。

❶ねかしにおける塩の働きは、❷グルテンを引き締め、弾力性を増加させると同時に、たんぱく質分解酵素の活性を抑えて生地がダレるのを防ぐことにある。ただ、ねかし時間を取りすぎて熟成過多になると、生地はダレてしまう。熟成時間を取りすぎた生地は、もみ直すことである程度は弾力性を回復させることができるが、品質としては落ちる。ねかしには適正な時間がある。

また、熟成をしっかりすることがただちにうどんのうまさにつながるようないい方がされることがあるが、はっきりしたことはいえない。しかし、

ねかし甕

ねかしはうどんの品質を向上させる効果があることに間違いはなく、こねの作業が楽になることはたしかである。が、そのやり方が粗雑だった場合、いくら長く熟成させてもマイナスをカバーすることはできない。その意味では昔から、「一に木鉢、二に延し、三に包丁」[3]といわれるが、最初の木鉢(玉つくり)が大切なことは、うどんでもそばでも同じことである。

ねかしには、生地の緩和以外にもグルテン形成の促進、水和による生地の均一化などの効果もある。水和とは粉に水がまわって十分に馴染むことで、よくこねたようでも、粉の内層部にまで水分が行き渡るにはある程度時間がかかるのだ。

このような熟成効果を高めるには、まず、生地の表面を乾燥させないようにすることが必要。ビニール袋かふきんに包み、ねかし甕《がめ》の中に入れるなどして、温度変化の少ない場所に置いておくのが一般的である。このやり方の場合でのねかしの時間は、夏が1時間以上12時間まで、冬は3時間以上24時間までが目安となる。また、ねかす時は常温が最適ともいわれる一方、温度が高いほど熟成が早く進むことから、冬の寒い時期や水沢うどん[4]にみられるような高冷地では、ふきんで生地を包んで湯の沸いている釜蓋の上に置いたりすることも行われてきた。

主な参考資料・『うどんの基本技術』(那珂重道「製麺の科学」)、『麺類百科事典』

---

❶**ねかしにおける塩の働き**
198頁の項目**94**参照。

❷**グルテン**
101頁の脚注❷参照。

❸**一に木鉢、二に延し、三に包丁**
98頁の項目**45**参照。

❹**水沢うどん**
小麦の産地として知られる群馬の上州うどんの中でも、榛名山麓にある水沢観音の門前に伝わるうどんで、洗練されたのどごしのよい味わいが身上。その製法上の特色は、入念に繰り返される足踏みと、24時間余りにも渡るねかしの工程にある。また、麺棒で延す前に、七輪などの上にのせた簡単な蒸し器に生地をしばらく置くのも特徴。熟成後にさらにいじめ抜かれ、また蒸された生地は、麺棒に巻いたまま軽く握って引き延ばす「しごき延し」にも耐え、切れることはない。冷涼な気象条件から生まれた技法といわれる。

うどんの章　技術篇

99 うどんの茹でのメカニズムは？

うどんは太ければ太いほど茹で時間が長くかかり、その時間はうどんの断面積に比例する。

うどん（小麦粉）のでんぷんは生のままでは消化吸収できないが、水分と熱を加えると粒子が膨潤《ぼうじゅん》して糊化❶（α《アルファ》化）し、食べられるようになる。これがうどんを茹でる目的である。が、どのくらい茹でたら茹で上がりとするのかという基準となると、個人の好みもあって判断が難しい。完全にα化しなくても、食べられないこともないからである。

そこで昔から「芯が絹糸一本になったところ」などという口伝が、ちょうどよい茹で上がり具合を教えてきたわけだが、現代の科学的な見地では、うどんの水分含量が75％程度になった時点をその目安としている。

うどんを茹でる時、麺の中心部に熱が伝わるのは非常に速い。たとえば、99℃の湯の中で太さ4㎜のうどんを茹でた場合、1分後には中心部の温度が湯の温度とほぼ同じになっている。

ところが、水分（湯）がうどんの内部に浸透するには、さらに時間がかかる。でんぷん粒を網の目状に包み込んでうどんの骨格を形成しているグルテン[2]組織の膜と、外側から徐々に進行するでんぷんの糊化が、水分の内部への浸透を邪魔するためだ。したがって、水分含量が75％程度というのは、うどん全体の水分分布の平均で、茹で上がったうどんの茹で上げ直後の水分の分布状態を調べてみると、表面付近では80％以上になっているが、中心部では半分の40％程度でしかない。このような水分含量のバラつきを「茹で麺の水分勾配」と呼び、表面がやわらかく芯はやや硬い、もっともおいしい状態[3]とされる。

以上が茹でのメカニズムだが、これによって茹で時間の長短には、うどんの太さ（表面から中心部までの距離）が大きく影響することがわかる。距離が長くなるほど、浸透しようとする湯に対するグルテンとでんぷんの糊化の抵抗は大きくなるから、そのぶん余計に時間がかかるわけだ。

断面積は半径の2乗で求められるから、これに比例するとは、太さ（径）の2乗に比例することを意味する。つまり、太さが倍になれば断面積は4倍になるから、茹で時間も4倍かかるということだ。反対に、きしめんのように幅を一定にして厚みを半分にした場合、断面積は半分にしかならないが厚みは0・5の2乗になるため、茹で時間は4分の1近くになる。

主な参考資料・『めんの本』、『基礎うどんの技術』

---

❶α化
159頁の脚注❷参照。

❷グルテン
101頁の脚注❷参照。

❸もっともおいしい状態
196頁の項目**93**参照。

100 うどんを茹でるのに適した水の条件とは？

うどんを茹でるのに適した水の条件として重要なのは、アルカリ度が低く、酸度も低いことである。アルカリ度とは、水の中に含まれているアルカリ成分の量のことで、その水を中和するのに要する酸の量（単位はmg／ℓ、またはｐｐｍ）で表される。ただし、通常、自然界では酸度の高い水はなく、石灰岩の多い地方の水にアルカリ度の著しく高いものが見られる程度であるが、うどんの茹でにはアルカリ度の微妙な違いが大きく影響する。よく中華麺を茹でた後の湯でうどんを茹でると肌荒れが激しいといわれるが、これは中華麺から溶け出したかん水によって茹で湯のアルカリ度が高くなっているためである。

一方、茹で湯の性質を表すもうひとつの指標としてpH❶が挙げられる。実際、茹で湯のpHはうどんの煮崩れ度合いを左右する。pHが酸性、アルカリ性のいずれに偏っても、湯の中へのうどんの表面の茹で溶け量は増大する。通常、生うどんのpHは6・0くらいであり、茹で湯はpHが5・5〜6・0くらいの時が、茹で溶けはもっとも少ない。

うどんの茹で加減をみる

しかし、このpHだけで茹で用の水に適しているかどうかを判断するのは適当でない。たとえば同じpHの水でも、含まれるのが強アルカリの苛性ソーダ(水酸化ナトリウム)の場合はうどんの茹で溶けの量が少なく、逆に、弱アルカリのアンモニア水ではその量が多くなるからだ。そのため、うどんの茹で溶けを最小に抑えるためには、アルカリ性の物質がどれくらい入っているのかを示すアルカリ度を知る必要があるわけだ。なお、水は沸騰させると、pHが1程度高くなる(アルカリ性に傾く)ことにも注意する必要がある。これは水に溶けていて酸性を示していた炭酸ガスが、沸騰によって飛び出してしまうためだ。

「茹で湯には梅干しを入れよ」という昔ながらの口伝は、梅干しの酸を加えることで茹で湯のアルカリの一部を中和し、微酸性にするための古人の知恵であった。現在ではpH調整剤(有機酸)が市販されているが、食酢を少量加えても効果がある。茹で溶けを少なくすれば、うどんの歩留まりや角立ち、つやがよくなり、茹で湯の排水処理の負担も軽減する。

以前、水の硬度が茹で溶けに影響するといわれ、イオン交換樹脂などで軟水❷化した時代があったが、現在では、硬度自体が茹で溶けに関係することはほとんどないことがわかっている。

主な参考資料・『めんの本』、『うどんの基本技術』(梅田眞男「水質と塩」)

---

❶pH
水溶液の酸性・アルカリ性の程度を表す尺度。7を中性とし、0〜14までの数値で表される。7よりも値が小さいほど酸性が強く、大きいほどアルカリ性が強い。かつては「ペーハー」といわれたが、現在は一般に「ピーエイチ」と読む。

❷軟水
カルシウムイオンやマグネシウムイオン含量の少ない水のことを軟水という。天然水のうち、一般に地下水は硬水が多く、地表水は軟水の場合が多い。軟水は石けんの泡立ちがよく、一般に硬度60ppm以下のものを指す。また、硬度は、煮沸すると軟水になる一時硬度と、煮沸しても軟水にならない永久硬度に分けられる。

101 「うどんのぬき湯」とは？

うどんの章 技術篇

「うどんのぬき湯」とは、役に立たないもののたとえ。「うどんの湯」ともいう。

昔、そば店ではそば・うどんを茹でた釜の湯のことを「ぬき湯」といった。つまり、そば湯もぬき湯である。茹で湯をなぜ、ぬき湯と呼ぶようになったのか、語源は不詳。

一般に、うどんは小麦粉に塩と水を加えて作る。塩を加えることで、うどん独特のシコシコとした弾力のある食感が生まれるからだ。❶うどん作りに必要な塩の量は、手打ちか機械打ちかでも異なるが、おおむね小麦粉の重さの4％前後。ただし、その塩分がそのままうどんの中に残っているわけではない。含まれる塩分の80～90％ほどは、茹でている間に湯の中に溶け出してしまう。塩分濃度が高め（4～6％）の手打ちうどんの場合でも、1人前（原料の小麦粉の重量で100g）当たり、せいぜい0・5g程度の塩分しか残っていない。

そのため、うどんを食べても塩分の過剰摂取にはならないわけだが、茹で湯の中には、1人前の手打ちうどんを茹でるごとに、5g程度の塩分が溶け出ていることになる。10人前で50g、100人前茹でれば500gという計算になる。かなりの量の塩分である。したがって、茹で釜の湯の量にもよるが、当然、その茹で湯を飲んでみるとかなりしょっぱい。しかも、とくにおいしいものでもないため、利用されることはほとんどなく捨てられる。つまり、「役に立たない」わけである。

一方、そばのぬき湯である「そば湯」は、好んで飲用にされる。もり・ざるそばなどの冷たいそばを食べた後にそば湯を飲むのは、そば店では古くから当たり前の光景になっている。温かいそばを注文しても、残った汁をそば湯で割り、好みの味にととのえて味わうのは、そば好きの楽しみのひとつとされる。

ところで、そばにはたんぱく質やビタミン類が豊富に含まれているが、それら栄養成分❷の大半は水溶性であるため、茹でている間にその一部が茹で湯の中に溶け出してしまう。また、そばに付着している打ち粉(そば粉)も茹で湯に溶けている。したがって、そば湯を飲むのは、おいしさや食後の余韻を楽しむということばかりでなく、栄養的にも理に適っている習慣といえる。

❶うどん作りに必要な塩の量
202頁の項目**96**参照。

❷そばの栄養成分
130頁の項目**61**参照。

102 そうめんを乾麺にする理由とは?

一般に、そばとうどんについては、乾麺は生麺に比べて味が落ちるとされるが、そうめんの場合は乾麺のほうがはるかにおいしいと評価される傾向が強い。その理由は主として、生麺を乾燥させることによる麺中のたんぱく成分の質的変化によると考えられている。

一般に、生麺を乾燥させてから茹でた時の食感は、生麺をそのまま茹でた場合と比べて、硬さ、弾性が増している。これは、乾燥によって麺線を形成している❶グルテンの構造が変化するためで、たとえばうどんの場合、乾麺(干しうどん)では生うどんのコシがあってなおかつソフトな食感は再現できない。そのため、干しうどんの製造では、同じ太さの生麺用よりもたんぱく成分の含量を低くし、さらに茹で上がり時間を短くするために、でんぷんを混合することもある。

また、うどんは太いために乾燥に時間がかかることも、乾麺としてはマイナス要因といえよう。

そばの場合も、麺の硬さや弾性が強くなりすぎては、そば本来のデリケー

そうめんの天日干しの風景

トなコシとはかけ離れた食感になってしまうし、特有の香りや風味が飛んでしまうから、やはり乾麺には適さないということになる。

ところで、乾麺は保存食であるわけだから当然、製造後ある程度の時間が経過してから食べられることになるが、乾麺中のたんぱく成分は、乾燥させた後以降も刻々と変化することが知られている。一般には、麺質が硬く、もろく、粘りの感じがなくなる傾向に変化していくのである。これが手延べそうめんでいわれる厄《やく》効果❷だ。これは、ひやむぎ、パスタなどの乾燥麺類に共通した貯蔵中の麺質変化であるが、やわらかさや粘りといった食感が求められるうどんなどの太い麺の食感としては明らかにマイナス作用である。しかし、そうめん、ひやむぎなどの細い麺においては、この乾燥、貯蔵による麺質の変化(硬くなる)が、食感などにプラスに作用するのである。

そうめんは乾麺の代表的な麺であり、あまり生麺として流通することはないが、このことは乾麺の特質を如実に物語っている。つまり、生麺と乾麺との本質的な違いは茹でた場合の食感にあり、乾麺のほうが硬いということだ。したがって、しっかりとしたのどごしが喜ばれるそうめんは乾麺に向いているということになる。

主な参考資料・『めんの本』

❶グルテン
101頁の脚注❷参照。
❷厄効果
217頁の脚注❷参照。

103 手延べそうめん作りに油を使う理由とは？

うどんの章 技術篇

油（植物油）をぬるのは、細く長く延ばしていく作業の途中で、麺の表面が急速に乾いて切れてしまうのを防ぐためと、加工中に麺線同士がくっつくのを防ぐため、それにそうめん独特の食味を生むための、三つの理由による。

手延べそうめんの製造工程における一番の特徴は、油をぬっては熟成させて、少しずつ長く延ばしていくことにある。小麦粉を塩水でこねて生地をある程度延ばしながら油をぬり、桶に巻き込んで最初の熟成をさせてから、最終的に約２ｍの長さにまで引き延ばして乾燥させるまでに、通常、油をぬっては少しずつ引き延ばしてさらに熟成させる作業を十数回繰り返す。この間、丸１日以上の時間をかけるが、熟成が進んでからは棒にかけて空気に触れさせながら、熟成と引き延ばしを行う。この時、油をぬっていなければ、風に当たってたちまち乾いてしまい、それ以上細く延ばすことはできない。油をぬることによってはじめて、じっくりと時間をかけて熟成を加えながら、細く長く延ばすことが可能になるわけで、作業中に麺

生地の表面に油をぬる「油返し」の作業。

❶グルテン
101頁の脚注❷参照。

同士がくっつくことを防ぐ働きもしている。こうして延ばされたそうめんは、小麦粉の❶グルテンが縦方向に整然と形成され、麺の端から端まで、しっかりと絡み合いながら1本の線につながっている。コシの強い麺に仕上がるのはこのためである。

また、油は塩とともに小麦たんぱくの貯蔵変化に微妙な効果を与えている。手延べそうめんは寒冷期に製造するが、通常はすぐに出荷しない。木箱に詰めて倉庫で貯蔵し、梅雨を越させる。すると、高温多湿の梅雨期の自然条件のなかで、油と塩は製品の変化を助け、手延べそうめん独特の茹で耐性のある、歯切れのよい食味を生むのである。この梅雨を越すことで麺の中のグルテンが変成する現象を❷厄《やく》効果と呼ぶ。一般に、製造してから梅雨(厄)を2回越した2年物(「ひね」)がもっともおいしいとされる。一年物は「新」、3年物は「古ひね」という。

ふつう油は融点の高い綿実油が使われる。融点が低いと、早く乾きすぎたり製造中に流れ出すおそれがあるからだ。また、動物性の油脂を使わず植物油をぬるのは、動物性の油はにおいが残り、しかも酸化(油やけ)しやすいためである。江戸時代には、主としてゴマ油やクルミ油、カヤ油が用いられていた。

主な参考資料・『うどんの基本技術』(奥村彪夫「そうめん・ひやむぎの知識」)、『麺類百科事典』

❷厄効果

そうめんは、1年物(「新」)、2年物(「ひね」)、3年物(「古ひね」)では、色やつやが見分けられるほど異なる。この中で2年物がもっともよいとされるのは、グルテンの変成でコシが強くなり、しかも粉の香りや甘みがよく保たれているからで、この現象を俗に「油が枯れる」という。また、春や秋の比較的ねかしが短い季節には白絞油が使われることがある。が、融点が低く、「かわく」、「流れる」などの原因となるほか、「凍らない」(茹で上がりがシャキッとしないこと)といった理由から、やむを得ず使う時には硬化油を併用する場合もあるという。

昔、内麦(中力粉)を用いて手延べそうめんを製造した頃は、厄効果による硬さの増加が食感の向上に必要だった。現在は、輸入小麦の準強力粉あるいは強力粉で作られているため、初めから硬さが強く、茹で耐性のある製品になっており、必ずしも厄効果を必要としない。

104

うどんの章　技術篇

手延べそうめんと機械そうめんの違いは？

手延べと機械製(ロール式)の違いは、手延べそうめんにあって機械そうめんにない特徴、と捉えるとわかりやすい。

まず、小麦粉を食塩水でこねる作業(「捏前《こねまえ》」。手延べ製造での工程名。以下同じ)は共通。最近は純手延べ製造が減り、一般に混合機を使用するようになっているが、この後の工程は、手延べと機械とではまったく違う。

機械では生地をロールにかけて麺帯にする整形工程に入る。製麺機で徐々に薄い麺帯に延ばし、そうめん用の切り刃で麺線に切ってから機械乾燥させる。対して手延べでは、生地に包丁などで渦巻状に切り目を入れて太い綱状にし、さらに「板切り機」に数回通して少し延ばし、同時に縒《よ》りをかけながら木桶の中に巻き込む❶(「板切り」)。この時、巻き込みながら生地の表面に食用油を均等にぬり(「油返し」)、油紙などで覆って最初の「熟成」(3〜4時間)を行う。この後は「細目」、「小均《こなし》」の工程で、油をぬりながら少しずつ細く延ばし、再び油紙をかけて「熟成」(2〜3時間)させ、今度は縒りを強くかけながら2本の棒に8の字にあやがけし、2時間ほど

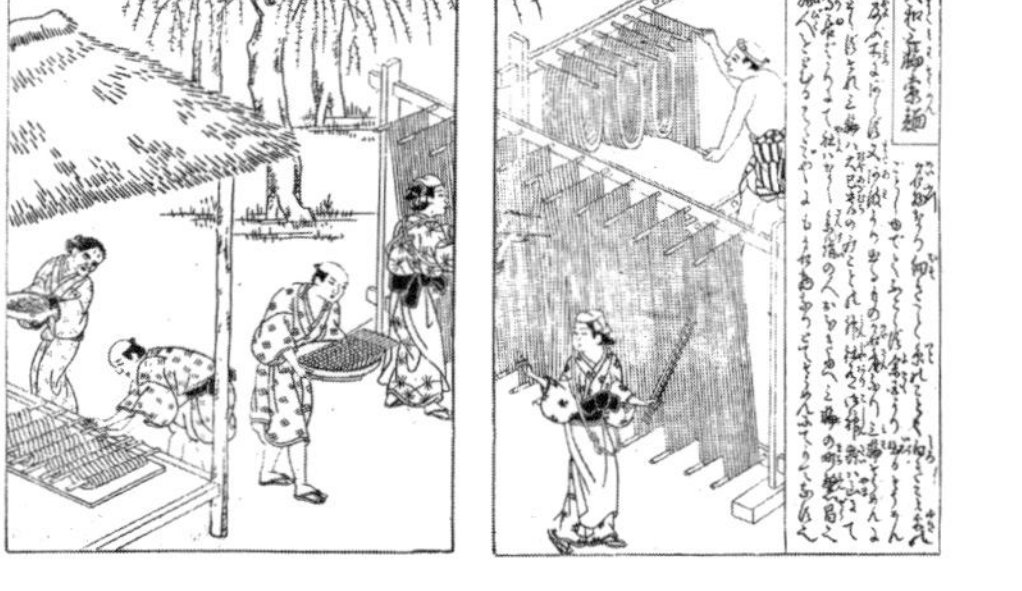

そうめん作り(江戸中期刊『日本山海名物図鑑』より)

「熟成」させる(「かけば」)。さらに8の字状にかけた麺を約50㎝の長さにまで引き延ばし(「小引き」)、数時間「熟成」させる。これを乾燥台に移して段階的に約2mまで延ばし(「さばき」、「門干し」)、天日または室内で「乾燥」させる。最後に「切断・結束」して「箱詰め」し、一部は倉庫内で梅雨期を越えるまで保管する。梅雨期を越えるまで保管するのは、❷厄《やく》効果を狙ってのことである。

以上の製造工程の中で、とくに手延べの特徴として挙げられるのは、①太い綱状から非常に細く長く延ばしていく(約1万倍といわれる)、②縒りをかける、③油をぬる、④繰り返し熟成させながら徐々に延ばす、の四つ。

この違いを整理すると、❸手延べでは、常に一定方向に生地を引き延ばしていくため、❹グルテンの組織が一方向に整然と形成され、しかも縒りをかけているので、グルテンの立体的構造がいわば縄状になっている。手延べ独特の茹でのびのしにくさ、なめらかな口当たりでしかも歯切れのよいコシの強さを生む秘密がここにある。

これに対して機械製の場合は、延ばしが少なく、グルテン組織もバラつきがある。そのため、機械そうめんの食味は、手延べに比べてどうしても劣ることになる。

主な参考資料・『うどんの基本技術』(奥村彪夫「そうめん・ひやむぎの知識」)、『麺類百科事典』

---

❶油返し
216頁の写真参照。

❷厄効果
217頁の脚注❷参照。

❸手延べそうめんの見分け方
手延べそうめんは、いくら細いものでも断面に空気穴があり、これが機械製麺(ロール式)との外見上の識別法の一つである。

❹グルテン
101頁の脚注❷参照。

うどんの章 技術篇

105 そうめんとひやむぎの違いとは？

どちらも小麦粉を麺に加工したものだが、本来はその製法上で大きな違いがあった。そうめんは小麦粉を食塩水でこねてから、油をぬりながら手で細く長く延ばして作る手延べ❶の麺である。これに対してひやむぎは、小麦粉を食塩水でこねるまではそうめんと同じだが、麺線にする段階でうどんと同様、麺棒を使って薄く打ち延ばしてから包丁で細く切る、手打ちの麺である。

ひやむぎの製法がうどんとよく似ているのは、その起源がともに、早ければ鎌倉時代に中国から伝えられたとされる「切り麦」❷だったためではないかと推定されている。その後も室町時代（斬麦《キリムギ》、冷麪《ヒヤムギ》）、江戸時代（切り麦）と、うどんとは別の麺類として扱われており、現在でもひやむぎと呼ばずに切り麦と称することがある。なお、室町時代には、茹でてから冷やして洗い冷たいままで食べるものを「ひやむぎ」、熱くして食べるものを「あつむぎ」あるいは「うどん」と呼んで区別していた。

そうめんとひやむぎの区別がはっきりしなくなったのは、明治時代に製麺機が発明されて、機械打ちのものが出回るようになってからである。さらに最近では、乾燥技術が格段に向上したことによって、手延べのひやむぎやうどんまでが商品化されるようになり、実際にはそうめん、ひやむぎ、うどんを製法上で区別することは困難になってきている。

ちなみに、日本農林規格（JAS）では、乾麺類について「小麦粉、そば粉又は小麦粉若しくはそば粉に大麦粉、米粉、粉茶、卵等を加えたものに食塩、水等を加えて練り合わせた後、製めんし、乾燥したもの（手延べそうめん類を除く）」と定義したうえで、

●そうめん――乾めん類のうち、小麦粉を原料としてつくられたもので、長径及び短径を1・2㎜未満に成形したものをいう。

●ひやむぎ――乾めん類のうち、小麦粉を原料としてつくられたもので、長径を1・3㎜以上1・7㎜未満、短径を1・0㎜以上1・7㎜未満に成形したものをいう。

という基準を設けている。

したがって、伝統的な手延べ、手打ちの製品を除けば、現在のそうめん、ひやむぎ、うどんの違いは、規格上からは麺の太さ❸の違いだけ、ということができる。

主な参考資料・『そばうどん』6号（那珂重道「現代そうめん考」）、『うどんの基本技術』（奥村彪夫）

---

❶手延べのそうめん
216頁の項目**103**、218頁の項目**104**参照。

❷切り麦
174頁の項目**82**参照。

❸麺の太さ
現在のそうめん、ひやむぎ、うどんの製造には、原料の小麦粉のたんぱく含量に違いがあり、麺が細いものほど、たんぱく含量を高くしている。

106 小麦粉の栄養成分とは？　地粉とは？

小麦の玄穀《げんこく》（製粉前の小麦粒）の約15％は外皮（フスマ）と胚芽部分で、胚乳が残りの85％を占める。小麦粉として利用されるのはこの胚乳部分で、一般に小麦製粉の目的は、胚乳部をできるだけ純粋に粉にすることにある。

胚乳の主成分は糖質（主としてでんぷん）だが、たんぱく質や脂質、ミネラル、ビタミン類も含まれている。ただし、粒の中心部と周辺部とでは成分に差があり、通常、次のような成分傾斜になっている。

- たんぱく質の量――周辺部に多く、中心部になるほど少ない。
- たんぱく質の質（麩質）――中心部のほうがよい。
- 灰分《かいぶん》（ミネラル）の量――周辺部に多く、中心部になるほど少ない。
- でんぷんの量――中心部に多く、周辺部になるほど少ない。
- 脂質の量――周辺部に多く、中心部になるほど少ない。
- ビタミンの量――周辺部に多く、中心部になるほど少ない。

また、小麦粉は①強力粉・中力粉などの種類、②一等粉・二等粉などの等級の、❶二つの分類の組み合わせで区別され、種類別分類は含まれるたんぱく質の量で決まり(もっとも多いのが強力粉)、等級別分類は灰分の含有量で決まる(もっとも少ないのが一等粉)。小麦粉の栄養成分は、この種類と等級によってかなりの違いがあるが、一般には、うどんに適した粉は中力一等粉とされる。

一方、近年「地粉」❷が注目されるようになっているが、地粉という言葉には地元産の小麦を製粉した粉、という程度の意味合いしかなく、品質などを表す定義はない。また、玄穀の段階では、栄養成分に一般の小麦との大きな違いはない。実際、地粉が注目されるのは、その褐色がかった色や風味の強い味によるところが大きいようだ。

しかし、石臼によって製粉した粉の栄養成分として見ると、必ずしも味やイメージだけではくくれない。石臼製粉は小麦粒を丸ごと粉にし、篩《ふるい》にかけて胚乳部とフスマ(主として外皮)とを選り分ける製粉方法だが、この時、胚乳部をどれだけ純粋に取り出すかによって、粉の栄養成分も変わってくる。とくに、外皮やその周辺に多く含まれるミネラルやビタミンは、篩の目の大きさや粉の歩留まりでかなりの差が出る。もちろん、人間の必要摂取量として見れば微々たる違いだが、健康志向の定着した時代、無視することのできない事実だろう。

❶二つの分類
224頁の項目107参照。

❷地粉
191頁の脚注❶参照。

107 うどんに適した小麦粉の性質とは？

一般に小麦粉は、
①種類――強力粉、準強力粉、中力粉、薄力粉、デュラム・セモリナ
②等級――(特等粉)、一等粉、二等粉、三等粉、❶末《すえ》粉
という二つの分類の組み合わせで区別されている。つまり、「強力二等粉」とか、「薄力一等粉」という呼び方をする。

強力粉とか薄力粉のような種類別分類は、含まれているたんぱく質の量によって決まる。その量はおおむね、強力粉が12・5～14％、準強力粉が10～12・5％、中力粉が8～10％、薄力粉が6～8％である。❷「湿麩《しっぷ》」で表示されている場合は、その量はたんぱく量をほぼ3倍したものと考えてよい。

一方、等級別分類は、カリウムやカルシウムなどの灰分《かいぶん》の含有量によって決まる。これらの成分は小麦粒の外皮付近に集中し、胚乳の中心部にいくほど少なくなる。灰分が多いということは、外皮(フスマ)に近い部分まで挽き込んだことになるから、でんぷん質の多い中心部を粉にした製品に

比べてグレードが劣る、という意味だ。

しかし、小麦粉の品質は、単純にたんぱく質と灰分の量の違いだけで判断できるものではない。原料小麦の品種や産地、さらに作柄によって小麦粉の粉質やたんぱく質の性質が違ってくるからだ。作ろうとするうどんによって幅があるため一概にはいえないが、一般にはたんぱく質の量は8〜10％の範囲内で、グルテンの性質はあまり硬すぎず、適度なやわらかさと切れにくい伸展性を持つ小麦粉が、うどんに適している。先の分類によれば、中力粉の一〜二等粉が向いていることになる。

また、うどん作りにおいては、でんぷんの性質も重要である。でんぷんは、小麦粉の成分の約3分の2を占めながら、製粉各社のカタログには何も記載されていないのがふつうである。しかし、うどん独特の歯応え、舌触り、のどごしなどの食感は、茹でることででんぷんが糊化❸(α《アルファ》化)した時の性質によるところが大きい。うどんには、でんぷん質が短時間で膨潤し、適度な粘性のある糊になる性質を持つものが向いている。このような性質のでんぷんを持つ小麦粉は、主として温暖な地方で穫れる粘質性小麦(品種名ではない)から製粉される。逆に、寒冷地で穫れる硬質小麦の小麦粉は反対の性質を持ち、うどん❹にしても食感はよくない。

主な参考資料・『基礎うどんの技術』

---

❶末粉
103頁の脚注❸参照。

❷湿麸
103頁の脚注❷参照。

❸α化
159頁の脚注❷参照。

❹うどん
俗に「うどん粉」というが、これは江戸時代まで小麦粉はほとんど麺用に使われていたためで、明治の中頃、アメリカから小麦粉が輸入されるようになると、輸入ものは「メリケン粉」、国内産は「うどん粉」と区別して呼ぶようになったとされる。

108 小麦はどのように製粉するのか？

うどんの章　原材料・道具・そのほか篇

製粉前の小麦には、さまざまな夾雑物や異物が混入している。製粉にあたっては、まず各種の精選機械を順番に通して小麦以外のものを取り除き、小麦粒の表面をきれいに磨き上げる。次に、小麦に少量の水を含ませ、タンク内で24～36時間ねかせる。小麦の胚乳を挽砕《ばんさい》しやすい硬さに調節し、外皮（フスマ）がはがれやすくする操作で、「調質《ちょうしつ》」という。精選、調質された小麦は、配合機によって決められた比率に配合される。配合する小麦の種類、比率は各製粉会社、および製品によってまちまちだが、一般に麺用に適するとされる中力粉の場合は、オーストラリア産のオーストラリア・スタンダード・ホワイト小麦（ＡＳＷ）、アメリカ産のウエスタン・ホワイト小麦（ＷＷ）、そして国内産普通小麦でブレンドされている。

配合された小麦は何台ものロール機にかけて、小麦粒に無理のかからないように段階的に粉砕されていく。最初は二つか三つに大きく割られ、次いで胚乳の内側のほうから少しずつ、何回にも分けて粉が採られ、最後には、外皮とそれに付着したわずかな粉だけが残る。

こうして各々のロール機から出てきた粉は、篩機《ふるい》（シフター）によってふるい分けられる。網目の細かい篩を通過した粉は製品になる部分で、上《あが》り粉と呼ばれる。残りの粒度の粗い部分は、直接次のロール機に送られるか、あるいはピュリファイヤーという機械にかけられてから、再びロール機で粉砕される。ピュリファイヤーの役目は、粉に混ざっている篩では分別できない外皮などの細かな皮片を、できるだけ除去することである。このように、順次ロールで粉砕し、ふるい分けしては上り粉を採りながら次のロール機に送っていく工程を「挽砕」と呼ぶ。

挽砕の工程が繰り返されるうちに、各篩の下には次々と粉ができてくる。工程の初めの段階でできた上り粉から、何回もロール機や篩機を通ってやっと粉になるものまで、1粒の小麦粒はふつう30〜40種類もの上り粉に分かれる。

小麦粒中の成分は中心部と周辺部とでかなりの違いがあり、また、ロールでの粉砕のされ方などによっても上り粉の品質は異なり、それぞれの特徴がある。そのため、これらの上り粉をうまく組み合わせて、予定した品質の製品（2〜4種類）にまとめていくわけで、混合機でよく混ぜてからもう一度篩にかけられ、製品になる。

主な参考資料・『小麦とその加工』

小麦粒とその構造

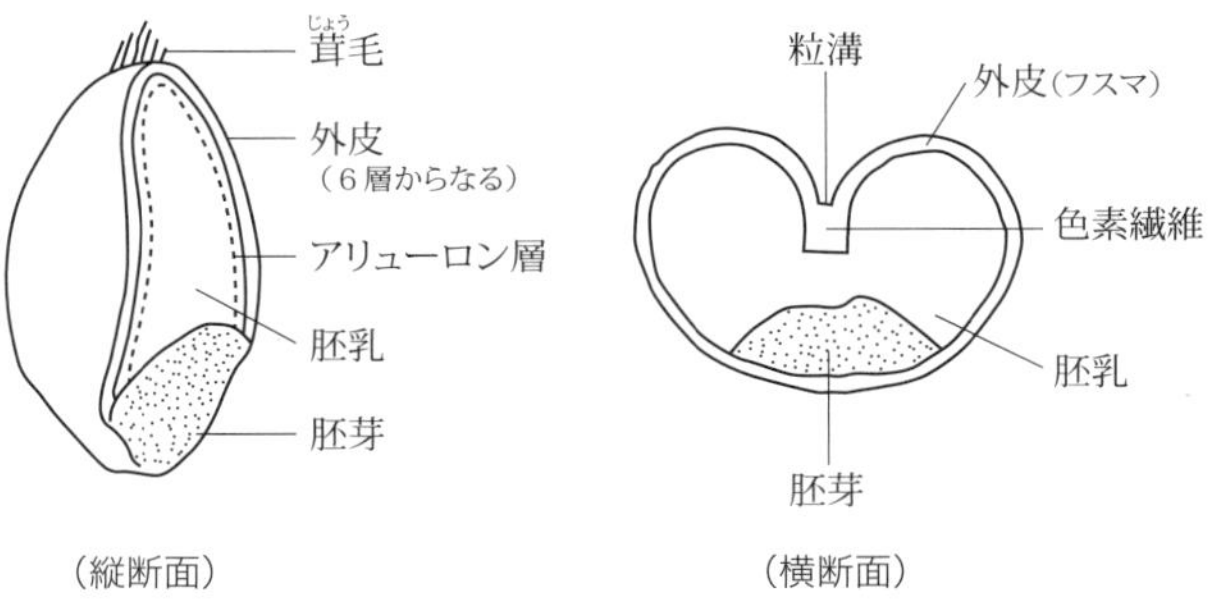

109 うどん用の小麦の輸入先は？

わが国の輸入小麦の大半は、アメリカ、カナダ、オーストラリア産である。この3ヵ国で全体の90％以上を占め、輸入量はこの順に多い。平成28年(2016)の輸入量は全体で約545万t。そのうち、アメリカからが約252万t、カナダが約180万t、オーストラリアからは84・4万tであった。ここ数年、国内需要に対する輸入小麦の割合はおおむね85％前後で推移しているが、そのうち、うどん・中華麺など麺用小麦の大半はオーストラリアからの輸入小麦である。

昭和30年(1955)代から40年代にかけて、わが国の小麦の生産量は著しく減少した。その背景として指摘されるのが38年の大凶作や、小麦作の宿命ともいえる不採算性だ。小麦は長雨などの気象の影響を受けやすく、また、長年作り続けると特性が変化して病気にかかりやすくなるなど、収量の変動が大きい。それが農家の小麦作離れをもたらしたとされる。一方、この時期は戦後の復興期と重なる。麺類用に加えて、パン、菓子、そのほか加工食品向けの小麦の需要は年々増大し、以後、供給の大半を輸入小麦に頼ることとなった。

現在、うどんにもっとも適しているといわれるのはオーストラリア産のオーストラリア・スタンダード・ホワイト小麦で、一般にうどん業界では「ＡＳＷ」と呼ばれる。なお、これは小麦の品種名ではなく、日本向けにうどん用に特化して開発された小麦粉の銘柄（製品名）である。50年代から輸入が始まり、60年代以降はわが国でのうどん用小麦の主流となっている。

ＡＳＷは開発時から単一の小麦品種による製品ではなく混合品で、当初は品種構成も一定ではなかった。その後、オーストラリアでうどん適性の高い銘柄としてヌードル小麦が開発されて既存のＡＳＷと配合されるようになったが、平成7年からは新開発のプレミアム・ホワイト小麦とヌードル小麦との組み合わせ（プレミアム・ホワイト小麦40％、ヌードル小麦60％。いずれも複数品種で構成）となり現在に至っている。ヌードル小麦は主として西オーストラリア州で栽培されるややクリーム色がかったきれいな白色が特徴。なめらかで、適度な歯応えのある麺になる。プレミアム・ホワイト小麦は白色系の硬質小麦の銘柄。栽培地域が広く構成品種も多いため、品質の安定に寄与しているとされる。

なお、現在のＡＳＷの正式名称は「ＡＳＷヌードル・ブレンド」である。

主な参考資料・『そばうどん』36号

110 うどんのだしに使われる材料とは？

うどんの章
原材料・道具・そのほか篇

うどんのだしといえば、大阪を中心とする関西および関西以西のものが、やはり代表的だろう。関西では、うどんのかけ汁のことを「うどんだし」というが、その特徴は、昆布と淡口醤油の使い方にある。

関東の濃口醤油に対して関西の淡口醤油、とはよくいわれることだが、淡口醤油は濃口醤油に比べて塩辛く、かつうまみ成分が少ない。こういう醤油を使うため、関西のうどんだしは必ずといってよいほど昆布が使われ、さらにさまざまな節類をも混用して複雑な味のだしをとる。

使われる節類はカツオ節のほか、サバ節、ソウダ節(メジカ節)、ウルメ節などといった雑節で、一般には、サバ節を中心に何種類かの雑節をブレンドして使用することが多い。また最近の傾向として、雑節は昔のようにカビを付けた枯節でなく、香りの強い荒節が使われるようになっている。

このように、関西のうどんのだしは、醤油のうまみの主成分であるアミノ酸と、節類のうまみであるイノシン酸、そして昆布のうまみのグルタミン酸が組み合わされているわけだが、さらに雑節を数種類混ぜ合わせることによって、それぞれのうまみの持ち味が相乗的に作用し、複雑かつ調和のあるだしになっているのである。

しかし、ひと口に関西以西といっても、当然のことにそれぞれの地方色がある。たとえば、大阪と並ぶうどんの本場讃岐では昔から、❶いりこと昆布ベースのだしに淡口醤油、という伝統があるし、カツオ節の生産地である鹿児島では、雑節よりもやはり豊富に手に入るカツオ節が多く使われる傾向がある。

たまり醤油の独特のコクを生かし、きしめんなどに使う名古屋地方のかけ汁には、ムロアジから作ったムロ節を使うのが決まりであった（現在は使う店は少なくなった）。味噌煮込みうどんでは、ムロ節とともに鶏ガラスープが欠かせないだしである。また、九州を中心とする西日本では、トビウオからとるアゴだしがよく使われる。

以上はだしの地方色の一例だが、カツオ節と煮干しに関しては、ほぼ全国的に使われていると見てよい。

なお、動物性の材料を使わない精進だしについて触れると、主として使われる材料は、昆布、シイタケ、カンピョウ、大豆などで、甘みを出すために煎った玄米を一緒に用いることもある。

主な参考資料・『うどんの基本技術』（中嶋暉浩、宮成介「汁の種類とその製法」）

---

❶いりこ
232頁の項目**111**参照。

うどんの章　原材料・道具・そのほか篇

111 さぬきうどんのだしに使う「いりこ」とは？

「いりこ」とは、主として西日本での煮干しの呼称。煮干しは小魚を煮てから干したものの総称で、原料魚にはイワシ、イカナゴ、キビナゴなどが使われる。煮干しはそば・うどんのだしの材料として広く利用されているが、讃岐をはじめとする瀬戸内地方では、カタクチイワシを加工した片口煮干しを「いりこ」と呼ぶ。生産量がもっとも多いのは長崎県だが、香川県も主要産地の一つである。

片口煮干しはだしがよく出るといわれる、煮干しの代表格。さぬきうどんの濃厚なだしに欠かせない。ただ、近年は讃岐地方でも食生活の変化からか、煮干しだしを敬遠する人が若い層を中心に増えているといわれる。そのため、昆布やカツオ節と併用するのが一般的なだしのとり方になってきているようだが、昭和30(1955)年代半ば頃までは、いりこのみでとっただしに淡口醤油を合わせたつゆが、さぬきうどんの定法だったという。

片口煮干しの中でも、とりわけ良質なことで知られるのが香川県伊吹島産のもの。昔から瀬戸内海はカタクチイワシの大漁場だが、とくに、観音

伊吹島のカタクチイワシの漁

寺市から10㎞ほどの沖合に浮かぶ小島・伊吹島の近海で大量に獲れており、この島のいりこ生産の歴史は江戸時代に遡るといわれる。

伊吹島での生産の特徴は、漁獲から加工まで同一業者による一貫作業態勢のもとで生産されていることだ。カタクチイワシは鮮度が落ちるのが極めて早い。そのため、漁獲後いかに時間をかけずに加工できるかが品質の決め手となる。好漁場の間近に位置する伊吹島は、最良の加工条件を備えていたわけだ。漁獲されたカタクチイワシはすぐさま運搬船に移され、島の加工場に運ばれる。加工場では真水《まみず》で水洗いした後、煮釜で数分間ほど煮熟《しゃじゅく》し、乾燥させる。かつては天日で乾燥させていたが現在は機械化されている。なお、伊吹島産のいりこは値段が高く、廉価のうどん店で使うのは難しい。

いりこは大きいものから順に「大羽《おおば》」、「中羽《ちゅうば》」、「小羽《こば》」、「かえり」、「ちりめん（シラス）」の5種類に分けられる。大きさの違いは漁獲時期による。大羽は産卵直後の6月中旬頃に獲れる親魚で、7月に入ると、卵が孵化した稚魚・シラス漁になり、その後、シラスが成長するにしたがって、かえり、小羽、中羽と大きくなっていく。だしの材料として用いられるのは、中羽と大羽である。

主な参考資料・『そばうどん』11号（「伊吹島の煮干し」）・41号

さぬきうどんのだしに使われるいりこは、片口イワシを煮干しに加工したもの。片口イワシの煮干しには、白口と黒口(背黒)があり、瀬戸内海など浅い海に棲むカタクチイワシを加工したものは白口といわれ、銀色が強く、淡泊な味わいが特徴。

参考資料一覧

〈凡例〉

・この本をまとめるうえで参考にした資料の一覧である。
・一覧表は書名をアイウエオ順に並べた。
・発刊年次は原則として初版発行年を記した。

『出雲はなぜ「割子そば」か？その謎に迫る』 川上正夫著（ワン・ライン　２０１７年刊）
『岩手のそば』 田中文子編（熊谷印刷出版部　１９８５年刊）
『うどん店の経営』 小島高明著（柴田書店　１９８１年刊）
『うどんの技術』 長井恒編著（食品出版社　１９８０年刊）
『うどんの基本技術』［そばうどん技術教本第二巻］ 柴田書店編（柴田書店　１９８４年刊）
『江戸そば一筋—並木藪蕎麦そば遺文—』 堀田平七郎著（柴田書店　１９９５年刊）
『江戸っ子はなぜ蕎麦なのか？』［光文社新書］ 岩崎信也著（光文社　２００７年刊）
『男のうどん学』 加藤有次著（徳間書店　１９８８年刊）
『改訂そば打ち教本』 全麺協編（柴田書店　２０１４年刊）
『片倉康雄手打そばの技術』 片倉康雄編著（旭屋出版　１９８８年刊）
『基礎うどんの技術』 藤村和夫著（柴田書店　１９８１年刊）
『近世蕎麦随筆集成』 新島繁編著（秋山書店　１９９６年刊）
『粉の文化史—石臼からハイテクノロジーまで—』［新潮選書］ 三輪茂雄著（新潮社　１９８７年刊）
『小麦とその加工』［最新食品加工講座］ 長尾精一著（建帛社　１９８４年刊）

『雑穀編―基礎整理と応用技術―』［畑作全書］　農山漁村文化協会編（農山漁村文化協会　１９８１年刊）

『新撰蕎麦事典』［食文化叢書］　新島繁編（食品出版社　１９８０年刊）

『随筆うどんそば』　山田竹系著（四国毎日出版社　１９７７年刊）

『すなば物語―大阪のそば四〇〇年―』　坂田孝造著（大阪府麺類食堂業環境衛生同業組合　１９８４年刊）

『川柳蕎麦切考』　佐藤要人監修（太平書店　１９８２年刊）

『そうめん第一集』　三輪そうめん山本企画広報室編（三輪そうめん山本　１９７７年刊）

『そうめん第二集』　三輪そうめん山本企画広報室編（三輪そうめん山本　１９８４年刊）

『そばうどん』　１号～４２号、２０１４年号～２０１８年号［柴田書店ＭＯＯＫ］（柴田書店　１９７５～２０１８年刊）

『そば・うどんの応用技術』［そばうどん技術教本第三巻］　柴田書店編（柴田書店　１９８５年刊）

『蕎麦今昔集』　新島繁編（錦正社　１９７１年刊）

『蕎麦史考』　新島繁著（錦正社　１９７５年刊）

『蕎麦辞典』　植原路郎著（東京堂出版　１９７２年刊）

『蕎麦匠心得』　片倉敏雄・岩崎信也・白鳥哲也・荻野文彦・大吉明共著（柴田書店　２００３年刊）

『蕎麦全書』［蕎麦うどん名著選集第一巻］　日新舎友蕎子著・新島繁校注（東京書房社　１９８１年刊）

『蕎麦通』［蕎麦うどん名著選集第四巻］　村瀬忠太郎著・新島繁編（東京書房社　１９８１年刊）

『そば通ものしり読本』　多田鉄之助著（新人物往来社　１９７８年刊）

『そばつゆ・うどんだし』　藤村和夫著（食品出版社　１９８１年刊）
『そばデータブック（そば関係資料）』　日本蕎麦協会編（日本蕎麦協会　年１回刊）
『蕎麦入門』［カラーブックス］　新島繁著（保育社　１９７５年刊）
『蕎麦年代記』　新島繁著（柴田書店　２００２年刊）
『ソバの科学』［新潮選書］　長友大著（新潮社　１９８４年刊）
『そばの技術―有楽町更科覚え書き―』　藤村和夫著（食品出版社　１９８０年刊）
『そばの基本技術』［そばうどん技術教本第一巻］　柴田書店編（柴田書店　１９８４年刊）
『蕎麦の世界』　新島繁・薩摩夘一共編（柴田書店　１９８５年刊）
『そばの本』　植原路郎・薩摩夘一共編（柴田書店　１９６９年刊）
『そばの歴史を旅する』　鈴木啓之著（柴田書店　２００５年刊）
『そば風土記』　植原路郎著（毎日新聞社　１９７３年刊）
『そばや今昔』［中公新書］　堀田平七郎編（中央公論社　１９７８年刊）
『蕎麦屋の系図』［光文社新書］　岩崎信也著（光文社　２００３年刊）
『そば屋の旦那衆むかし語り』　藤村和夫編著（ハート出版　１９８７年刊）
『ソバを知り、ソバを生かす』　氏原暉男著（柴田書店　２００７年刊）
『ダッタン蕎麦百科』　柴田書店編（柴田書店　２００４年刊）
『つるつる物語―日本麺類誕生記―』　伊藤汎著（築地書館　１９８７年刊）

『日本の蕎麦』　日本麵類業組合連合会編（毎日新聞社　１９８１年刊）
『人気メニューシリーズ❷そば』［柴田書店ＭＯＯＫ］（柴田書店　１９９９年刊）
『百年史』　東京都麵類協同組合「百周年記念事業」実行委員会編（東京都麵類協同組合　２０１２年刊）
『文化麵類学ことはじめ』　石毛直道著（フーディアム・コミュニケーション　１９９１年刊）
『麵機百年史』　東京製麵機工業協同組合麵機百年史編集委員会編（東京麵機工業協同組合　１９８０年刊）
『めんの本』　小田聞多監修（食品産業新聞社　２０１３年刊）
『麵類百科事典』　新島繁・柴田茂久監修（食品出版社　１９８４年刊）
『料理物語―原本現代訳―』［教育社新書］　平野雅章訳（教育社　１９８８年刊）

118、174、181、187、220

も

本山宿　11
揉み方三年、切り方三月　99
『守貞謾稿』　19、66、67、69、70、74、75、81
もり汁　90、94、95、120、121、122、123、160、161
盛り蒸籠　71
もりそば　66、68、69、70、72、73、85、87、88、120、122、163
門前そば　20、21

や

焼きとり　94、95
焼き海苔　74、94、95
厄効果　215、217、219
薬味　41、47、51、75、89、162、163、164、183、191
藪　26、72、85
山ゴボウの葉　101

ゆ

湯ごね　55、83、105、106、107、144、147
ユズ　39、97、163
湯だめうどん　196、197
茹で加減　175、191、210
茹で時間　58、147、187、208、209
茹でたて　108、109、110、111、112、196、197
茹でのび　197、219
茹で麺の水分勾配　209
ゆでもち　38
湯桶　56、57
湯通し　72、73
輸入小麦の割合　228
湯ねり　105、107

よ

宵ごね　202
夜そば売り　18、51、78、192、193
夜鷹そばの由来　19
四つ出し　98
夜叫(鳴)きうどん　15
四たて　109

ら

卵切り　83

り

『俚言集覧』　30、31、81
両刃　153
『料理山海郷』　82、179
『料理早指南』　166
『料理物語』　11、73、105、175

る

ルチン　130、141、167、168

れ

冷麺　64、65

ろ

老化　197
ロール式製麺機　156、157
ロール製粉　148、149
ロール挽き　148

わ

『和漢三才図会』　163
ワサビ　75、94、95、163、164
わさび芋　94
『倭名類聚鈔』　13
割り粉　24、103、104、107
割子そば　40、46、47、88、89
割れ　46、115、144、146、147
碗がき　37
わんこそば　40、41

ひらうどん　179
平釜　158
ふ
『風俗文選』　11
風媒　129、143
『富貴地座位』　22
福そば　28
麩質　222
フスマ　191、222、223、224、226
符牒　60、72
ぶっかけ　49、66、68
ぶっかけそば　68
太打ち　42、49、73、119、188
フノリ　43、101
フノリつなぎ　101
振りザル　58、159
篩機　227
振る舞いそば　41
へ
β化　197
ペーハー　211
pH 調整剤　211
へぎそば　41、42、43
ほ
棒揚げ　91
『反古染』　15、18
包丁　98、99、116、118、119、152、153、154、155、174、207、218、220
包丁下　109、110、111
ほうちょう汁　172、173
ほうとう　184、185
ボーメ計　201、202、203
ホシ　61、146
干しうどん　180、199、214
ほぞ　117
細打ち　119、153、154、158
牡丹そば　136、138
ポリフェノール　130
本がえし　127、161
本膳　85、191
『本草和名』　12
『本朝食鑑』　29、44、53、69
ま
巻き棒　114、115、116
真崎照郷　156、157
み
ミキサー　51、111、157
水ごね　105、106、107
水沢うどん　207
水の条件　210
水まわし　98、99、100、106、110、111
晦日(みそか)そば　29
味噌煮込みうどん　198、231
ミネラル　131、222、223
宮崎在来　136、137
む
むきそば　35
麦縄　176
無限花序　128、129
武蔵野うどん　190、190、191
蒸し釜　195
蒸しそば切り　70
棟上げそば　33
め
『名飯部類』　35
名目　27、41、71
メジカ節　189、230
メリケン粉　225
麺の太さ　189、230
麺棒　47、54、55、114、115、116、

二八即座けんどん　16、17
二八そば　15、16、17、22、24、25、
31、33
二番粉　144、145、148
二番だし　121、161
煮干し　232
日本農林規格　221
ぬ
ぬき　95
抜き　64、97、135、144、146
抜き屋　108、109
ぬき湯　212、213
ね
ねかし　173、199、204、206
ねかし甕　206、207
ねかしの時間　191、199、207
ねずみ大根　162、182、183
粘質性小麦　225
の
『農業全書』　13
延し　55、98、114、116、118、154
のしいれ　184
のしべら　119
のの字食い　47
のびが早い　113
海苔　69、74、75、77、85、95
海苔箱　94、95
は
胚芽　144、191、222
はいから　79、93
胚乳部　101、113、144、191、222、223
ばかだし　121
ばかたんぽ　161
餺飥　184、185
バクダン　79
薄力粉　102、103、147、224
階上早生　136
はしらわさび　94、95
はっと　173、185
花粉　117
花番　58、59
花巻き　36、69、74、75
バラがけ　117
はりこしまんじゅう　38、39
春ソバ　138、139
春のいぶき　139
挽砕　144、226、227
半生がえし　127、161
ひ
ピーエイチ　211
挽きぐるみ　47、105、145、148、149
挽きたて　108、110、111、112、145
挽き抜き　108
引札　84
常陸秋そば　136、137、138
ビタミン　131、168、213、222、223
引っ越しそば　32、33
必須アミノ酸　130、131
ひっつみ　173
雛うどん　31
雛祭り　30
ひね　217
檜枝岐　54、55、152、153
紐革うどん　179
冷やかけ　66、68
ひやむぎ　175、215、220、221
ピュリファイヤー　227
拍子木食い　47
表層粉　145
平打ちうどん　178、179

調質　226
長日植物　139
長柱花　128、129、143
陳皮　19、163、164、165
つ
津軽そば　50、51
つけ汁　61、90、120、160、163、183
つごもり　29
つちたんぽ　160
つなぎ作用　100
角出し　98
つまみ揚げ　90、91
て
手打ちそば　98、99、107、157
手打ち風製麺機　205
手ごま　47、55、153、155
手延べそうめん　205、215、216、217、218、219、221
手延べの干しうどん　180
手振りそば　43
出物　60、61
寺方そば　20、21
碾磑　150
てんかす　79
天すい　95
天たね　95
電動石臼製粉機　148
天ぬき　94、95
天ぷらそば　60、79、90、91、95、163
天目山　11
と
トウガラシ　81、97、164、165
東京流の打ち方　114
銅壺　56、57、158、159、160、161
道光庵　22、23、48、49
とうじ籠　44、45
とうじそば　44、45
豆腐つなぎ　105
登録品種　136、137
通し物　60
土三寒六常五杯　199、200、201
年越しそば　25、28、29、31
土たんぽ　160、161
とちりそば　33
友粉　117、147
友つなぎ　147
穫りたて　109
鳥南蛮　81
な
内層粉　144、146
中釜　158、159
中台　58、59
夏型　138、139
夏ソバ　136、138、139
七色唐辛子　164
鍋がき　36、37
鍋そば　89
鍋焼きうどん　192、193
生がえし　127、161
生舟　50、98、111
なまり節　122
並み粉　83、145
嘗味噌　96
軟水　211
南蛮の意味　80
に
ニガソバ　140
煮崩れ　187、196、210
『二千年袖鑒（そでかがみ）』　15
二八うどん　17

ソバ主要産地　133
そば焼酎　168、169
そば職人　58、83、98、118、119
そばずし　84、85、86、87、113
『蕎麦全書』　16、24、25、27、68、69
そば茶　141、168
そばづくし　86
『そば手引草』　74
そばに関することわざ　56
そばねり　36、50、51
ソバの栄養成分　130、213
ソバの記述の初見　12
ソバの国別輸入数量　134
蕎麦（そば）の語源　12
そばの「三たて」　108、112
そばのつなぎ　43、100、102
ソバの粒食　34
ソバの花の構造　129
ソバの実　13、29、36、86、87、97、128、129、134、144、146、149、166、167、168
そばの劣化　108
そば包丁　152
そばぼっとり　39
ソバムギ　12、13
そば餅　28、38、39、57、104
そばもやし　166、167
そばもやしつなぎ　167
そば焼き味噌　97
そば焼き餅　38、39
そば屋の発祥　14、15
そば屋の報条　85
そば湯の栄養成分　130
そば料理　64、86、87
空煮え　111、159

た

代価説　16、17
ダイコン　48、49、182、183
大根おろし　39、162、163、182
大豆つなぎ　50
他家受精　129
高遠そば　48、49
高嶺ルビー　142、143
鷹の爪　165
武田汁　184
団子汁　172、173
だしのとり方　124、125、232
だし巻き玉子　95
他殖性虫媒植物　143
駄そば　24、25
裁ちそば　54、55、152、153
タデ科　128、129
たぬきそば　79
種汁　120、121
種もの　69、74、76、77、78、81、121、194
玉子とじ　67、75、79、92
玉子焼き　76、77、94、95
溜まり醤油　189
短日植物　139
短柱花　128、129、143
たんぽ　160、161
たんぽ枠　160、161

ち

茶そば　72、82、83、87
茶碗蒸し　194、195
中間型　138、139
中層粉　145
虫媒　129、143
中力粉　224、225、226

島田湯葉　76、77
シャクチリソバ　140、141
重ボーメ計　203
十割そば　104
熟成　186、199、204、206、216、218
熟成時間　200
宿根ソバ　140
種皮　128、144
種苗法　137
瞬間製麺機　157
準強力粉　224
称往院　22、23
ショウガ　163、165、195
上がえし　120
正直そば　25
定勝寺　10、11、20、105
『定勝寺文書』　10、11、20、105
精進だし　231
承天寺　28
子葉部　144
上割れ　146
食塩水の濃度　202
職制　58
『続日本記』　12
シラス　233
白粉　117
新そば　139
深大寺　20、21
新板もの祝いそば　33
新吉原敷初めそば　33
す
水田作　132
水分勾配　197
末粉　103、145
すかし打ち　187
砂場　15、26、27
ずる玉　99、117
せ
『斉民要術』　179、185
製麺機　156、157
『西洋料理通』　93
西洋ワサビ　163
せいろ　70、71
節句そば　30
『摂津名所図会』　14
千日回峰行　37
そ
相乗効果　123
ソウダ節　124、230
そうめんとひやむぎの違い　220
そうめんの起源　176
そうめんの語源　177
ソーキそば　63
外番　59
そねそば　42
そば懐石　87
そばがき　36、38、39、147
そば釜　158
そばかまど　158、161
そば粥　64
そば切手　33
そば切り寺　23
そば切りの起源　10
蕎麦きりの製法の初見　11、105
そば切りの発祥地　10
そば禁断の石碑　23
そば粉のたんぱく質　101
そば米　10、34、35、64、65、97、104、168、169
ソバ種子の分解図　128

こ
濃口醤油　122、230
硬質小麦　225
硬度　211
『合類日用料理抄』　105
凍りそば（氷そば）　52
糊化　37、107、113、147、197、204、208、225
国内産ソバの生産状況　132
五穀断ち　36
コシ　51、111、112、187、191、202、214、217、219
こしきそば　41、43
五色そば　31、83
御膳がえし　69、120、121
御膳生蕎麦　25
御膳粉　146
御膳汁　121
御膳そうめん　177
御膳そば　22
小ソバ　136
粉挽き職人　109
粉焼け　148
粉ワサビ　163
こね鉢　99
小堀屋本店所蔵の秘伝書　82、83
こま板　55、119、153、154、155
ごま切り　83
小麦粉の栄養成分　222、223
小割れ　146
混合機　117、157、186
混合粉　109
混合率説　17
混捏　205
昆布　122、123、125、230、232
さ
西京味噌　97
在来種　133、136
索餅　176、177
雑節　230、231
さぬきうどん　186、232
サバ節　124、230
更科（更級）　26、27
さらしな粉　82、83、101、105、113、144、146、147
さらしなそば　82、113
皿そば　41
ざる蒸籠　71
ざるそば　68、69、70
三色そば　31、83
酸性　210
酸度　210
三番粉　144、145
し
塩加減　199、200
『塩尻』　11
塩の収斂効果　199
塩ボーメ計　203
自家受粉作物　141
しごき延し　207
地獄そば　88
地粉　191、222、223
『慈性日記』　11、20
七味唐辛子　162、164
七味唐辛子の薬効　165
湿麩　102、103、224
しっぽく　67、77
信濃1号　136
芝エビ　90、91
シフター　227

鹿屋在来　136
果皮　128、144
かぶと鉢　99
かぼちゃぼうとう　185
釜揚げうどん　196
釜揚げそば　47、88
かまくら　95
釜前　58
鴨すい　95
鴨南蛮　61、80、121
鴨ぬき　95
殻　13、34、128、134、144、146、148
辛汁　69、120
からつゆ　48
からみそば　49、163
辛味大根　48、163、182
カレーうどん　93
カレー南蛮　92
枯節　123、125、230
変わりそば　31、67、82、83、107、146
変わり麺　82
寒晒しそば　52
かん水　63、210
関東と関西の汁の製法の違い　122
乾麺　214、221

き

生一本　104
機械打ち　104、111、116、203
機械そうめん　218
菊もみ　186
生粉打ち　24、54、100、104、105、107、112、147
刻みネギ　162、164、191
生地の乾燥の防止　199
碁子麺　178
きしめんの由来　178
生醤油うどん　197
季節そば　87
生そば　24
キタワセソバ　137
きつねうどん　78
「きつね」と「たぬき」の違い　78
木鉢　54、98、111、117
木鉢下　108、109
『嬉遊笑覧』　30、80、81、179
『狂斎図譜』　176、177
郷土そば　40、43、46、107
強力粉　102、222、224
きらず玉　98、110
切りべら　118
切りべら二三本　118
切り麦　174、220
切り麺　174

く

くくり　98
グルタミン酸　123、230
グルテン　100、102、106、112、198、202、204、205、206、209、214、217、219、225
クロムギ　13

け

削り節　97、124
『毛吹草』　11
元正天皇　12
玄ソバ　34、53、108、129、132、134、144、148
玄ソバ換算重量　135
玄ソバの海外からの輸入先　134
けんどんそば　70
けんどん屋　70

うどんの太さ　209
うどん包丁　152
うどん用の小麦の輸入先　228
馬方そば　145
ウルメ節　230
温三寒六常五杯　201
うん六　73
え
ASW　226、229
ASWヌードル・ブレンド　229
越前おろしそば　49
越前そば　49
江戸甘味噌　96
江戸はそば、大坂はうどん　14
『江戸名物酒飯手引草』　27、81
江戸流　115
『烟花漫筆』　23
『延喜式』　176
縁切りそば　29
塩水　198、200、203、204
塩分濃度　191、200、203、212
お
大坂砂場（大坂砂場そば）　14、27
オーストラリア・スタンダード・ホワイト小麦　226、229
太田庵　76
大晦日そば　28
おかめ　67、76
沖縄そば　62
沖縄での麺食　63
押し出し式製麺機　65、157
おしぼりうどん　182
おじやうどん　193
苧環（オダマキ）　194
小田巻きの具材　195
小田巻き蒸し　194
お煮かけ　44
鬼がら焼き　95
鬼汁　48
お化けそば　79
おやき　39
おやこそば　67
親子南蛮　67
オヤマボクチ　100、101
おろしそば　49、163
か
カーシャ　64
灰分　222、224
回峰行　36
かいもち　36
かえし　94、123、126、161
かえし甕　126
かえし蔵　126
かき揚げ　90
角湯桶　56
かけ　60、66、68
かけ汁　75、90、93、94、120、122、161、230
かしはなんばん　67
加水量　116、186、200、202、204、206
カタクチイワシ　232
片口煮干し　232
片刃　153
カツオ節　122、124、160、230、232
担ぎ　59
かっけ　36
糧うどん　190、191
糧飯　35
金砂郷在来　136
金たんぽ　160

索引

あ

あいやき　95
赤いソバの花　142
秋型　138、139
秋ソバ　136、138、139
灰汁　63
揚げ置き　91
揚げ玉そば　79
アゴだし　231
浅草海苔　74、94
朝ごね　186、202
足踏み　186、204
あずきはらませ　38
あずきぼうとう　185
厚削り　124
あつむぎ　175、220
熱盛り　72、88
油返し　216、218
油やけ　217
甘皮　100、128、130、144、146
甘汁　97、120
アミノ酸　130、230
網目構造（網状組織）　107、112、199、204、205
荒節　122、125、230
あられ　66
アルカリ性　210、211
アルカリ度　210、211
α化　37、107、113、147、159、197、204、208、225

い

石臼の構造　150
石臼挽き　148
出雲そば　47、145
出雲大社　21、46、89
伊勢うどん　188
板そば　42
板前　58
板わさ　94
一鉢、二延し、三包丁　98
一番粉　144、146
一味唐辛子　165
茹で込み　197
田舎そば　47、145
稲作転作対策　132
稲庭うどん　180
稲荷そば　79
稲荷の鉄砲巻　85
イノシン酸　123、125、230
いびきりもち　39
伊吹島　232
芋川うどん　179
祖谷ソバ　136
いりこ　231、232
色物　82、146

う

ウエスタン・ホワイト小麦　226
『宇治拾遺物語』　21
淡口醤油　122、230
臼屋　109
打ち粉　116
打ちたて　108、110、112
打ち棒　115
うちわもち　38、39
うどん粉　225
『うどんそば化物大江山』　15、18、19
うどんだし　122、230
うどんの熱盛り　73
うどんの起源　174
うどんのぬき湯　212

執筆　岩﨑信也

編集　永田雄一
そばうどん編集部（齋藤立夫）

装丁・レイアウト　甲谷 一（Happy and Happy）

イラスト　竹内俊太郎

資料提供　新島フミヱ

そばうどん知恵袋111題

初版印刷　2018年7月25日
初版発行　2018年8月10日

発行人　丸山兼一

編者　そばうどん編集部

発行所　株式会社柴田書店
〒113-8477
東京都文京区湯島 3-26-9
イヤサカビル
http://www.shibatashoten.co.jp
営業部　03-5816-8282
書籍編集部　03-5816-8260

DTP　タクトシステム株式会社

印刷・製本　図書印刷株式会社

ISBN 978-4-388-35354-5

Shibata Publishing Co.,Ltd
Iyasaka Building, 3-26-9, Yushima Bunkyo-ku 113-8477 Tokyo
TEL ／＋81(3) 5816 8282
URL ／ http://www.shibatashoten.co.jp